Gefahrenpotential Mensch

H. K. WOLFGANG KRAUSE

Gefahrenpotential Mensch

Bibliografische Information der Deutschen Nationalbibliothek:
Die Deutsche Nationalbibliothek verzeichnet diese Publikation
in der Deutschen Nationalbibliografie; detaillierte bibliografische
Daten sind im Internet über http://dnb.dnb.de abrufbar.

© 2015 H. K. Wolfgang Krause
Satz, Umschlaggestaltung, Herstellung und Verlag:
BoD – Books on Demand

ISBN: 978-3-7392-5414-2

Inhalt

Einleitung	9
Macht euch die Erde untertan	11
Das Zeitalter des Menschen	11
Spurensuche	14
Man ist, was man isst	19
Der Mensch und das Meer	21
Klimaveränderungen	24
Mehr als Honig	27
Welterschöpfungstag	28
Kommunismus versus Kapitalismus	31
Militärstrategien	39
Friedensstifter NATO	39
Der Streit um die Krim	45
Behandlung statt Heilung	51
Die Rente ist sicher	59
Europa und der Euro	67
Die Europäische Union	67
Alles hat ein Ende, nur der Euro nicht	70
Target 2	78
Grexit	80
Schlusswort	83

»Ein menschliches Wesen ist ein Teil des Ganzen,
das wir Universum nennen,
ein in Zeit und Raum begrenzter Teil.
Es erfährt sich selbst, seine Gedanken und Gefühle,
als etwas vom Übrigen Getrenntes,
eine Art optischer Täuschung seines Bewusstseins.
Diese Täuschung ist für uns eine Art Gefängnis,
das uns auf unsere persönlichen Bedürfnisse
und die Zuneigung zu einigen uns nahestehenden
Personen einschränkt.
Es muss unsere Aufgabe sein,
uns aus diesem Gefängnis zu befreien,
indem wir den Kreis unseres Seins,
unseres Mitgefühls ausweiten,
sodass es alle lebenden Geschöpfe
und die gesamte Natur in ihrer Schönheit umfasst.«

Albert Einstein

Einleitung

Mittlerweile leben fast sieben Milliarden Menschen auf der Erde und jedes Jahr nimmt ihre Zahl um weitere 80 Millionen zu. Parallel dazu wird auch die globale Nachfrage nach Rohstoffen, Energie, Lebensmitteln und Konsumgütern wachsen, was weitreichende Folgen für unsere Umwelt hat. Der rasante Anstieg der Weltbevölkerung und die gleichzeitige Forderung nach ungebremstem wirtschaftlichem Wachstum ist eine unselige Konstellation, die das Fieber von Mutter Erde ständig ansteigen lässt und ihr keine Ruhephase gewährt. Sollte es in ökonomischer und ökologischer Hinsicht nicht zu einem globalen Umdenken kommen, werden wir in den nächsten 30 Jahren zerstört haben, was in Milliarden von Jahren entstanden ist.

Während die Entwicklungsländer mit einem hohen Geburtenüberschuss zu kämpfen haben, ist hierzulande die Bevölkerungszahl rückläufig. Die Auswirkungen des demographischen Wandels werden die sozialen Systeme unserer Gesellschaft, insbesondere das Gesundheits- und Rentensystem, vor große Herausforderungen stellen. Auch die Folgen der Schuldenkrise in Europa sind noch nicht abzusehen.

Die gegenwärtigen nationalen und internationalen Ereignisse haben mich dazu veranlasst, das vorliegende Buch zu verfassen. Es behandelt mehrere aktuelle Themenfelder, die nicht isoliert voneinander zu betrachten sind, und erhebt keinen Anspruch auf streng wissenschaftliche Systematik. Vielmehr möchte es Denkanstöße geben, die den Leser möglicherweise zu einer kritischeren Betrachtung des Lebens führen, was schon ein kleiner Fortschritt wäre.

Macht euch die Erde untertan

Das Zeitalter des Menschen

Unendlich viele Zufälle haben dazu geführt, dass die Erde während einer Zeitspanne von dreieinhalb Milliarden Jahren voller gefährlicher Experimente der Evolution bewohnbar geblieben ist, um ein Lebewesen zu schaffen, das derart sozial orientiert und intelligent ist wie der Mensch. Es ist bedauerlich, dass dieses hochkomplizierte Wesen gegenwärtig im Begriff ist, seine eigene Lebensgrundlage zu zerstören. Dennoch hat die Erde im Verlauf der Evolution übergangsweise auch Arten geduldet, die noch viel schädlicher waren als wir. Denken wir nur an die ersten Photosynthese-Organismen, die ein ekliges, giftiges Gas namens Sauerstoff produzierten, das eine unglaubliche Zahl an Arten vernichtete. Aber auch diesen Prozess hat die Natur zu ihren Gunsten zu nutzen gewusst und neue Lebensformen hervorgebracht.

Die Dinosaurier wuchsen innerhalb von 300 Millionen Jahren zu riesigen Monstern heran, um sich in einer unbarmherzigen Naturordnung behaupten zu können. Sie sicherten sich ihre evolutionäre Dominanz durch körperliche Größe und Stärke, nicht aber durch geistiges Wachstum.

Dies änderte sich, als vor 65 Millionen Jahren ein riesiger Asteroid mit der Erde kollidierte und alle auf der Erdoberfläche existierenden Lebewesen vernichtete. Es entstanden riesige Flächenbrände und durch die aufgewirbelten Staubteilchen verdunkelte sich die Atmosphäre. Weil keine Photosynthese mehr gab, verhungerten die monsterartigen Saurier.

Nur eine kleine Gruppe von Nagern überlebte dieses Horrorszenario in ihren Höhlengängen unterhalb der Erde bei Knollen und Wurzeln. Nachdem sie wieder ihre Tunnelgänge verlassen konnten, erwartete sie eine Welt frei von hungrigen Fleischfressern, denen sie vormals als Nahrung dienten. Somit konnten die kleinen Säugetiere als einzige Individuen einer höheren Tierart das Massensterben überleben und die Oberfläche der Erde besiedeln.

Weil alles auf der Erde von einem unsichtbaren evolutionären Impuls geleitet wird, entwickelten sich die kleinen Nager zu immer höheren Lebensformen in der Natur, die sich ordnungsgemäß gegenseitig fraßen oder gefressen wurden.

Aus dieser Evolutionskette entstand vor etwa 200.000 Jahren der Homo sapiens. Aufgrund seines kleinen, vielfältig einsetzbaren Körpers und seiner Intelligenz erhob er sich zur Krönung der Schöpfung im Angesicht der Sonne. Er nahm die Landoberfläche in Besitz und führte eine Verwandlung der Erde und seines ursprünglichen Lebensraumes herbei.

Lange Zeit lebte der Homo sapiens als Jäger und Sammler. Erst als er sich vor etwa 10.000 Jahren aus seinen steinzeitlichen Strukturen löste, entwickelte er sich zum sesshaften Landwirt und Viehzüchter. Fortan benötigte er nur noch ein überschaubares Areal, auf dem Pflanzen gedeihen und Tiere weiden konnten.

Stand dem Jäger und Sammler einst ein scheinbar unerschöpflich großer Lebensraum zur Verfügung, musste sich der sesshafte Mensch mit zunehmender Populationsdichte an das Leben in Siedlungen anpassen. So entwickelte er sich von einem vormals animalischen zu einem zivilisierten Wesen, während er sich selbst Gesellschaftsordnungen schuf, die ihn neu konditionierten. Auch seine technischen Erfindungen und Hilfsmittel des alltäglichen Lebens wurden zunehmend effizienter und komplizierter in ihrer Anwendung.

In einer völlig veränderten Umwelt, in der die Gesetzmäßigkeiten der ursprünglichen Natur nicht mehr existierten und sich die Ressourcen an Land- und Bodenschätzen zunehmend erschöpften, mussten zwangsläufig Verteilungskämpfe zwischen rivalisierenden Gruppen entstehen. Durch seinen tätigen Eingriff in die Natur veränderte der Mensch zwar seine Lebensbedingungen, aber die biologische Programmierung mit ihren physiologischen und psychischen Grundmustern, die seine Reaktion in Stresssituationen bestimmen, blieb bis auf den heutigen Tag erhalten.

Lebte der Homo sapiens früher in natürlichen Höhlen und in ständiger Angst vor Raubtieren, hat er mittlerweile seinen Wohnort in die künstlichen Höhlen der Städte verlegt, was zu schwerwiegenden Veränderungen geführt hat.

Anfangs waren die wachsenden Städte noch Brutstätten für Krankheiten und Epidemien wie Cholera und Typhus, aber seit der Mitte des 19. Jahrhunderts wurde die Kanalisation eingeführt und das Trinkwasser keimfrei aufgearbeitet. Hinzu kam die Erfindung von Impfstoffen und Antibiotika, die zusammen mit einer besseren Ernährung und Hygiene dafür sorgten, dass die Lebenserwartung ständig anstieg.

Auf clevere Art und Weise hat der Mensch die Natur überlistet. Er domestizierte die verschiedensten, meist essbaren Tierarten und trennte sie von ihrer artgerechten Umgebung. Zudem gewährte er den landwirtschaftlich genutzten Pflanzen vor ihrem Verzehr kein natürliches Existenzrecht, um eine möglichst große Menge ernten zu können. Etwa 40 % des nicht bedeckten Festlandes dient heute dem Anbau von Nutzpflanzen. Auf großen Plantagen gedeihen Mais, Getreide, Gemüse und Obst als Monokulturen, die durch giftige Pflanzenschutzmittel und Gülle künstlich am Leben gehalten werden. Riesige Wälder werden abgeholzt, was unter anderem Bodenerosionen zur Folge hat. Gleichzeitig führt die Entwaldung dazu, dass zahllosen Tier- und Pflanzenarten der Lebensraum entzogen wird. Gesteinsformationen mit ihren anteiligen Mineralien werden tief aus der Erde geholt und zerkleinert. Aber wer weiß schon, ob sich nicht hinter all den geschundenen organischen und anorganischen Stoffen unsichtbare, spezifisch wahrnehmende Bewusstseinszustände und Gefühle verbergen, die von uns aus Unwissenheit und wirtschaftlichen Interessen völlig ignoriert werden?

Trotz aller negativen Entwicklungen war die Lebenserwartung noch nie so hoch wie heute, was gleichzeitig zur weltweiten Bevölkerungsexplosion beigetragen hat. Die Menschheit hat sich allein in den letzten 50 Jahren verdoppelt und jedes Jahr kommen 80 Millionen hinzu, so viele Menschen, wie in ganz Deutschland leben.

Um die wachsende Weltbevölkerung ernähren zu können, benötigen wir größere Anbauflächen, ein stabiles Klima und viel Wasser, zudem sind geringere Treibhausgasemissionen unbedingt erforderlich. Gegenwärtig ist die Nahrungsmittelerzeugung mit steigender Tendenz aber schon für 30 % der Treibhausgase und 70 % des Süßwasserverbrauches verantwortlich.

Die Zahl der Weltbevölkerung wird nach aktuellen Prognosen erst ab 2070 schrumpfen. Nach neuesten ermunternden Berechnungen wird die Erdbevölkerung mit 13 Milliarden Menschen ihren Zenit überschritten haben. Danach können wir uns also wieder auf eine rückläufige globale Bevölkerungszahl freuen.

Je weiter ein Land in seiner sozioökonomischen Entwicklung zurückbleibt, desto später wird es die maximale Bevölkerungszahl erreichen, wie beispielsweise im südlichen Afrika, wo die Bevölkerung vermutlich auch nach dem weltweit zu erwartenden Wendepunkt im Jahr 2070 noch weiter wachsen wird.

Schwer zu glauben, dass es nach diesem prognostizierten Wendepunkt in einer nicht allzu fernen Zukunft dann noch irgendetwas auf diesem bis in die letzte Ecke ausgeplünderten Planeten zu verteilen geben wird. Wenn der Mensch schließlich alle natürlichen Ressourcen auf der Erde ausgebeutet haben wird, wird er im letzten Schlussakkord vermutlich seine eigene Vernichtung herbeiführen. Betrachtet man jedoch die gesamte erdgeschichtliche Entwicklung, wird man rückblickend feststellen können, dass »das Zeitalter des Menschen« einer bedeutungslosen Phase gleich einem Wimpernschlag entspricht.

Spurensuche

Weil fast alle Veränderungen durch Menschenhand in dieser Welt etwas Negatives bewirken, hasste ich schon als Kind die vielen baulichen Aktivitäten in meinem persönlichen Umfeld, bedrohten sie doch meinen nahe gelegenen Wald, durch den sich ein Bach schlängelte, in dem viele Fische schwammen. Dieser Wald mit seinen Bäumen, die in den Himmel ragten und auf die man klettern konnte, musste nach meiner Auffassung um jeden Preis vor der Bauwut der Menschen und vor überall wütenden Holzfällern geschützt werden.

Dort hatte ich die Freiheit, mich mit all meinen Sinneswahrnehmungen ungestört spüren zu dürfen. Ich konnte den größten Teil des Tages mit gleichaltrigen Freunden eigenverantwortlich gestalten und mich in der freien Natur am Anblick von Käfern, Libellen, Schmetterlingen, Wildbienen und Hummeln erfreuen. Das war Abenteuer pur, ohne Kindergarten und Erzieherinnen, die meinen Tagesablauf nach pädagogisch wertvollen Vorstellungen für mich gestaltet hätten.

Die zahlreichen Insekten und Käfer sind mittlerweile durch den Einsatz von Pestiziden oder Insektiziden massiv bekämpft und durch die Trockenlegung von Auen ihres natürlichen Lebensraumes beraubt worden. Noch während meiner Zeit als junger Erwachsener, als ich oft in meinem Auto übers Land gefahren bin, war die Windschutzscheibe verschmiert von aufgeklatschten Insekten, die man nur mühsam mit Scheibenwischer und Sprühnebel beseitigen konnte. Heutzutage verunreinigen keine Fliegen oder Falter mehr die Sicht, weil die Landwirte die »schädlichen Insekten« vernichtet haben. Mit den wirbellosen Insekten als Nahrungsgrundlage werden auch die Singvögel, Frösche, Eidechsen und Fledermäuse aussterben, weil der Mensch jeden freien Lebensraum auf der Erde für sich beansprucht.

Zu meiner Kinderzeit war die Welt noch nicht von zahllosen stinkenden und Lärm verursachenden Autos bevölkert, die uns heute eine hohe Mobilität ermöglichen, aber auch einen großen Verlust an Lebensqualität mit sich bringen, denn sie nehmen uns die Luft zum Atmen und berauben uns unseres natürlichen, stressfreien Lebensraumes. Ganz zu schweigen von den Produktionskosten und den Ressourcen, die zum Bau eines Autos benötigt werden.

So werden in den nächsten 40 Jahren voraussichtlich vier Milliarden Autos von den Bändern laufen, für deren Produktion Unmengen an Eisenerz, Kautschuk und Leder von Tierhäuten benötigt werden, die auf Frachtern um die ganze Welt transportiert werden, während ein einziges dieser Schiffe so viele Emissionen freisetzt wie sechs Millionen Automobile.

Weit verstreute Ortschaften, die früher durch Wald und Wiesen voneinander getrennt waren, sind mittlerweile durch große, breite Straßen sowie den Neubau von Wohn-, Gewerbe- und Fabrikgebäuden immer mehr zusammengewachsen. Noch heute werden täglich 75 Hektar Landfläche in Deutschland versiegelt, was in einem Jahr der Fläche des Bodensees entspricht. Immer mehr Boden verschwindet unter einer Schicht aus Asphalt und Beton. Fruchtbarer Boden geht durch Schadstoffeinträge in Form von Spritzmitteln und industriellen Altlasten verloren. Ganze Landschaften haben sich innerhalb der letzten 60 Jahre durch den Konsum- und Urlaubswahn des Menschen verändert und nur das weite Meer zwischen den Kontinenten scheint unberührt geblieben zu sein.

In diesem Zusammenhang kann ich mich noch an den Urlaub mit meinen Eltern an der Nordseeküste gegen Ende der Sechzigerjahre erinnern. Sie schickten mich jeden zweiten Tag zum Hafen, damit ich direkt am Kutter von den Fischern die Seezungen für zehn Pfennig pro Stück und die Scholle für fünf Pfennig pro Stück kaufen konnte. Was der Plastiksack mit den gekochten Krabben kostete, daran kann ich mich nicht mehr erinnern.

Man stelle sich vor: Eine Seezunge für rund fünf Cent pro Stück!

Heute wird sie im Handel oder im Restaurant fast gar nicht mehr oder zu astronomischen Preisen angeboten. Fragt man nach der Ursache an der Fischtheke, bekommt man meist nur eine nichtssagende Antwort der Verkäuferin, die mit einem verständnislosen, abfälligen Blick auf eine einsame Miniaturseezunge unter einem Berg von Eiswürfeln verweist. Mit dem Aussterben zahlreicher Tierarten wird auch für den Menschen eine Vielzahl kulinarischer Erlebnisse unwiederbringlich verloren sein.

Wir haben unseren Wohlstand mit der Ausbeutung unserer Erde und der Zerstörung unseres natürlichen Lebensraumes erkauft. Milliarden Menschen in der Dritten Welt werden ebenfalls nach unserem Lebensstandard streben und Wälder abholzen, Kohle und Öl verfeuern und großzügig Dünger und Pestizide in Verbindung mit genmanipulierten Pflanzen einsetzen. Oder sie werden die Möglichkeit wahrnehmen, als Wirtschafts- und Umweltflüchtlinge in die bereits stark überbevölkerten europäischen oder asiatischen Wohlstandsstaaten einzuwandern.

Während die Weltbevölkerung weiter wächst, hat Deutschland eine rückläufige Geburtenrate zu verzeichnen. Der Bevölkerungsrückgang hierzulande könnte aus ökologischer Sicht auch positive Auswirkungen haben, sofern es möglich wäre, nicht mehr benötigte, versiegelte Landschaften in Naturlandschaften zu verwandeln.

Um aber den ökonomischen Schaden abzuwenden, der sich durch den demographischen Wandel zwangsläufig ergeben wird, gewähren wir aus humanitär berechtigten Gründen Wirtschafts-, Kriegs- und Umweltflüchtlingen aus aller Welt den Zugang in unser Land. Die Zuwanderer sollen als Konsumenten und potentielle Arbeitskräfte im Rahmen einer Willkommenskultur die drohenden sozialen Verwerfungen unserer Gesellschaft ausgleichen, gleichzeitig aber auch durch einen Kulturtransfer neue Impulse und Wertvorstellungen vermitteln.

Bei aller Zuversicht und allem Mitgefühl wird jedoch niemand bestreiten können, dass es eine natürliche, zahlenmäßig bislang noch nicht näher definierte Obergrenze bei der Zuwanderung geben muss, um die natürlich vorhandene Assimilationsfähigkeit der Bevölkerung und das Belastungslimit unseres Lebensraumes nicht zu gefährden, der durch den Zustrom vieler Menschen ein Gebiet bis zur Unkenntlichkeit verändern kann.

Deutschland und Japan durchlaufen derzeit eine ähnliche demographische Entwicklung. Seit 2006 schrumpft die Bevölkerungszahl Japans, weil es auch den Japanern bislang nicht gelungen ist, ein positives Bevölkerungswachstum zu generieren. Bemerkenswert bleibt unter diesem Gesichtspunkt aber die Tatsache, dass die japanische Infrastruktur noch nicht zusammengebrochen ist, obwohl es bislang noch keine Zuwanderung gegeben hat und seit 1982 nur 700 Menschen ein Asylstatus gewährt wurde.

Bis zum Jahr 2050 wird in Deutschland ein Bevölkerungsrückgang von 17 % zu erwarten sein. Schon heute gibt es in unserem Land fast 40 % Singlehaushalte. Immer mehr Frauen entscheiden sich aus den unterschiedlichsten Gründen für ein Leben ohne Kinder. Erwähnenswert ist in diesem Zusammenhang, dass heutzutage fast jede zweite Frau mit akademischer Vorbildung keine Kinder hat, im Gegensatz zu Frauen ohne oder mit geringfügiger Ausbildung, die durchschnittlich mit einer Quote von 90 % mindestens ein Kind zur Welt gebracht haben.

Die meisten Frauen betrachten die Erziehung von Kindern nicht mehr als ihre vorrangige Lebensaufgabe und möchten sich auch im Beruf verwirklichen können. Darüber hinaus ist es mittlerweile in vielen Familien aus finanziellen Gründen notwendig, dass beide Elternteile einer Beschäftigung nachgehen.

Um Arbeit und Familie vereinbaren zu können, werden die Kinder in Krippen oder Kitas betreut. Studien haben allerdings ergeben, dass die Stressbelastung von Krippenkindern erhöht ist, da ihre Cortisolwerte im Tagesverlauf eine ungünstige Entwicklung aufweisen. Cortisol gilt als wichtigstes Stresshormon und wird in akuten und wiederkehrenden Belastungssituationen vom menschlichen Körper ausgeschüttet. Je jünger ein Kind ist, desto empfindlicher reagiert es auf Stress. Untersuchungen haben gezeigt, dass Kinder unter zwei Jahren mit fortschreitender Krippenbetreuung eine stark verminderte Stressreaktivität mit verringertem Cortisolwert in den Morgenstunden aufwiesen. Die Werte waren auch stark abhängig von der Dauer des Krippenaufenthaltes. Bei einer Ganztagsbetreuung reagierte der Organismus der Kinder, bedingt durch den Stress der ganzen Woche, freitags am angespanntesten.

Immer noch fühlt sich ein Kind bei seiner Mutter und in der vertrauten häuslichen Atmosphäre am meisten geborgen. Dies können auch hoch engagierte Erzieherinnen nicht ändern, die ihr pädagogisches und emotionales Potential auf sieben bis 16 Kinder verteilen müssen.

Im Gegensatz zu all diesen seltsamen gesellschaftlichen Errungenschaften war ich allzeit umgeben von meiner ständig präsenten Mutter und ihren Schwiegereltern, die mich in der Kinderzeit persönlich begleitet haben und ständig für mich ansprechbar waren, um mir eine emotionale Sicherheit zu bieten.

Im Haus meines Großvaters lebten drei Generationen: die Eltern meines Vaters, meine Eltern und – nicht zu vergessen – meine eigene Person. Mein Großvater war schon im Alter von 19 Jahren als hundertprozentiger Invalide aus dem Ersten Weltkrieg zurückgekehrt, in einer Zeit, wo sich noch feindliche Kavallerieeinheiten auf ihren Pferden mit Lanzen lustvoll malträtierten. Auch mein Vater wurde im Zweiten Weltkrieg schwer verwundet und hat daraufhin zwei Jahre als Gefangener der Franzosen im Lazarett verbracht.[1]

Wir hatten einen Garten voller Obst ohne synthetisches Verpackungsmaterial, das seine Konsumenten unfruchtbar und krank werden lässt.

Und ich erlebte noch richtige Winter, in denen die Kinder in unbebauten Landschaften mit dem Schlitten einen Berg hinunterfahren konnten.

Es existierten auch noch keine privaten Fernsehsender, die uns heutzutage hauptsächlich durch Unterhaltungsfilme mit fragwürdigem, gewaltverherrlichendem oder plumpem, vermeintlich witzigem Inhalt aus amerikanischer Produktion belästigen, von denen man glauben könnte, dass sie für die Zielgruppe von pubertierenden Jugendlichen produziert und vermarktet werden. Oder verkörpern sie vielleicht nur die wahren Interessen unserer Gesellschaft und sind das Spiegelbild einer geistig verarmten Bevölkerung?

---

1 Im ersten Teil meines Buches »Söhne von Soldaten« (erschienen 2009) beschäftige ich mich mit der langen Lebensgeschichte meines Großvaters, der im Ersten Weltkrieg schwer verwundet wurde und nach der Vertreibung aus seiner ostdeutschen Heimat im Zweiten Weltkrieg bis zu seinem Tod ein mühseliges Leben als Kriegsinvalide führte. Im zweiten Teil des Buches beschreibe ich meine persönlichen transzendenten Gefühle in Bezug auf Gewalt und Krieg aus der Sicht von jemandem, der nach dem Krieg geboren wurde.

Man ist, was man isst

Rund 70 Millionen Schweine werden jedes Jahr in Deutschland geschlachtet, von denen nur 1 % artgerecht gehalten wird. Jeder Bundesbürger hat somit durchschnittlich ein Schwein per anno auf dem Gewissen. Hinzu kommen noch andere Tierarten wie Rinder oder Hühner, die vom Menschen in Massen gezüchtet werden, nur um von ihm verspeist zu werden.

Eines der Grundübel unserer Zeit ist die unstillbare Gier nach Fleischkonsum. Die industrielle Massentierhaltung erzeugt ein massives Umweltproblem, vor allem durch die Emission von Methangas, das 20-mal klimaschädlicher ist als Kohlendioxid. Die Haltung von Masttieren ist für 51 % der global emittierten Treibhausgase verantwortlich. Auf den weltweiten Motorverkehr entfallen gerade einmal 13 %. Summa summarum darf sich der durchschnittliche Allesfresser Mensch für die Produktion von 600 Kilogramm Kohlendioxid im Jahr verantwortlich fühlen, die lediglich auf seine Ernährungsgewohnheiten zurückzuführen sind. Ein Veganer hingegen produziert aufgrund seiner Ernährungsweise jährlich nur 30 Kilogramm Kohlendioxid.

Leider ist es auch so, dass die Produktion von einem Kilo Ochsenfleisch aus ökologischer Zucht die vierfache Menge an Treibhausgasen verursacht wie ein Kilo Schweinefleisch aus einem konventionellen Betrieb. Aber wer möchte sich schon auf den Verbrauch von Gemüse, Tofu oder Hülsenfrüchten beschränken?

Dabei sollten wir nicht vergessen, dass 60 % der Masttierproduktion als Exportschlager in alle Welt geschickt werden, aber die Gülle, die niemand haben will, bleibt hier und führt im Trinkwasser zu überhöhten Nitratwerten. Diese Schäden stellt niemand in Rechnung, nur damit wir beim Discounter alles möglichst günstig erwerben können. Der Kaufpreis von 20 Euro für ein Schwein ist das Resultat eines schonungslosen globalen Wettbewerbs, der eine artgerechte Haltung von Masttieren ausschließt, was zwangsweise zur Qualitätsminderung führen muss.

Aber keine Angst, wir nehmen nur das verfütterte Antibiotikum mit der Nahrung auf, nicht den Stimmungszustand und die Ängste, die diese armen Tiere während der Aufzucht erlitten haben – oder vielleicht doch? Wer weiß das schon.

Aufgrund des wirtschaftlichen Profits, der sich mit den grunzenden

Vierbeinern erzielen lässt, wurde in den letzten zehn Jahren die Masttierproduktion in Deutschland nochmals um 120 % gesteigert.

Der Druck der Agrarlobby auf die Politik ist nicht zu unterschätzten, wie man beispielsweise an der Zulassung von Glyphosat erkennen kann. Dieser Wirkstoff wird auf 40 % aller Ackerflächen in Deutschland verwendet und ist ein Hauptbestandteil von »Roundup«, dem meistverkauften Herbizid der Welt. Um die Haftung an den Pflanzen zu verbessern, enthalten einige glyphosathaltige Produkte Tallowamine. Diese sollen eine dreifach höhere Toxizität aufweisen als der Wirkstoff Glyphosat selbst. Das Breitbandherbizid ist gegen alle Unkräuter wirksam, nur gentechnisch veränderte Pflanzen sind dagegen resistent. Weil Glyphosat die Zusammensetzung des Bodenlebens verändert, können sich dort pathogene Keime schneller ausbreiten. Die Folge ist »chronischer Botulismus« , eine Krankheit, die sich durch Muskellähmungen, Bewegungsprobleme und Gelenkschmerzen äußert und zu Schwerstbehinderungen bei Tier und Mensch führen kann. Millionen Deutsche nehmen Glyphosat durch den Verzehr von konventionellem Fleisch, Milchprodukten, Eiern und Brot auf. Schweine scheiden das im Futter enthaltene Phosphat unverdünnt wieder aus. Der weitere Weg des Phosphats führt dann über die Gülleberge ins Grundwasser.

Damit dieses Stoffwechselprodukt erst gar nicht anfällt – und um den Schweinen eine leidvolle Existenz in der Masttierfabrik zu ersparen –, versuchen einige Forscher, aus echtem Fleisch Stammzellen zu extrahieren, die in einer flüssigen Nährlösung heranwachsen, wo nach kurzer Zeit aus dem künstlich herangewachsenen Zellhaufen ein Rinder- oder Schweinesteak entstehen soll. Allerdings erscheint mir diese Form der Fleischproduktion auch nicht gerade appetitanregend, und ob die für den Menschen »lebenswichtigen Vitamin-B-Komplexe« in diesem synthetisch hergestellten Eiweiß enthalten sind, weiß auch niemand.

Fraßen Rinder früher fast ausschließlich Gras, das für unsere eigene Ernährung nicht verwertbar war, sind sie heute zu Nahrungskonkurrenten des Menschen geworden, denn sie werden mit hochwertigem Weizen, Mais und Soja gemästet. Die ans Vieh verfütterten Mengen an Getreide und Hülsenfrüchten würden ausreichen, um drei Milliarden Menschen zu ernähren. Diese Form der Fütterung ist auch der Grund dafür, dass für die Produktion von einem Kilogramm Rindfleisch im weltweiten Durchschnitt 16.000 Liter Wasser benötigt werden. Zusätzlich wird der Bedarf an Rindfleisch noch steigen, weil auch in bevölkerungsreichen Ländern mit früher vergleichsweise geringer Fleischnachfrage die Menschen zu stärkerem Fleischkonsum erzogen werden. So wurden in Brasilien zehn Millionen Hektar Regenwald für die Rinderzucht zerstört, die anschließend für den Anbau von Sojabohnen genutzt wurden.

Rinder setzen aufgenommene Nahrung zu einem deutlich geringeren Prozentsatz in Körpersubstanz um. Außerdem ist bei ihnen der Gewichtsanteil von vermarktbarem Fleisch am Gesamtgewicht mit nur 40 % deutlich geringer als bei Schweinen oder Geflügel. So ist das Schwein noch das kleinere Übel, weil der Naturhaushalt bei Schweinefleisch nur mit 6.000 Liter pro Kilogramm Fleisch belastet wird.

Die weltweite Massenproduktion von Fleisch wurde erst durch Innovationen in der Technik, Fortschritte in der Tiermedizin und eine revolutionierte Agrartechnologie möglich. Mittlerweile hat sie zu Klimaschäden, Artensterben, Umweltvergiftung und Wasserknappheit geführt.

Obwohl die zahlreichen Probleme, welche sich hieraus ergeben, den politischen Verantwortlichen bekannt sind, besteht in der egoistisch geprägten Bevölkerung kaum Bereitschaft, den zukünftigen Generationen im Sinne einer umweltverträglichen Ökonomie eine lebenswerte Umwelt zu erhalten.

Der Mensch und das Meer

Lange Zeit blieb das Meer dem Menschen aufgrund seiner natürlichen Möglichkeiten unzugänglich. Aber wie das so ist mit dem menschlichen Genius, hat er sich nicht nur das Weltall für seine Zwecke erschlossen, sondern auch die Meere. Seitdem ist selbst der weite Ozean vor dem menschlichen Konsumbegehren nicht mehr sicher.

Irgendwann hat der Mensch damit angefangen, Produkte des täglichen Lebens und Verpackungsmaterial aus Kunststoffen zu produzieren, die aus langen Molekülketten, den Polymeren, bestehen. Die Glieder der Ketten bilden Kohlenstoffverbindungen, die meist aus Erdöl, Erdgas oder Kohle gewonnen werden. Eine Plastiktüte, die auf einer heißen Herdplatte schmilzt und sich verformt, zählt zur Gruppe der

Thermoplaste. Kunststoffe, die hingegen Hitze widerstehen können und ihre Form beibehalten, nennt man Duroplaste. Allerdings scheint man bei der Herstellung dieser Kunststoffe vergessen zu haben, dass sie nach ihrer Nutzung als Gebrauchsgegenstände oder Verpackungsmaterial nicht mehr in den biologischen Kreislauf zurückkehren, sondern als Plastikmüll auf dem Festland oder im Meer landen, wenn sie nicht über Müllverbrennungsanlagen in einem nicht weniger bedenklichen Aggregatzustand in der Atmosphäre enden. Abgesehen davon werden vier Liter Wasser benötigt, um eine Flasche mit einem Fassungsvermögen von einem Liter aus Plastik herzustellen.

Man sollte auch die Verklappung von Dünnsäure in der Nordsee nicht vergessen, die zu etwa 20 % aus Schwefelsäure besteht und als Abfallprodukt bei der Produktion des hellweißen Farbpigments Titandioxid entsteht. Nur schade, dass die Nordseefische im Gegensatz zu den an Land wohnenden Menschen keine Unterschiede in der Säurekonzentration ihres Lebensraumes wahrnehmen und keine Parameter kennen, um sich evolutionär an diese neue Situation anpassen zu können.

Etwa 70 % der Erdoberfläche sind von Wasser bedeckt. So bietet sich das Meer als die bequemste Art der Entsorgung an, weshalb sich heute 15 % des Plastikmülls an den Stränden wiederfinden und 70 % unter der Oberfläche des Meeres verborgen sind. Erst nach 400 Jahren Wartezeit wird der Plastikmüll sich wieder völlig zersetzt haben. Nicht nur im Nordatlantik, sondern weltweit haben sich mittlerweile gigantische, kreisrunde Müllberge gebildet, sodass man über Satelliten sehr gut den Verlauf der Meeresströmungen anhand eines Müllteppichs beobachten kann.

Die Funktion der Meere als Müllhalde hat zwischenzeitlich dazu geführt, dass die zerriebenen Reste des Plastikmülls zum festen Bestandteil des Planktons geworden sind, der sich durch den Rückgang der Eisflächen bis zur arktischen Tiefsee ausgebreitet hat. Vor allem auch auf den Inseln im Pazifischen bzw. Indischen Ozean sind die Strände von buntem Müll gesäumt, weil Plastikprodukte in die Dritte Welt exportiert werden, für die dort aufgrund der mangelhaften Infrastruktur in den meisten Fällen keine Entsorgungsmöglichkeiten bestehen. Weil die kleinen Meerestiere nicht zwischen Mikropartikeln aus Kunststoff und dem pflanzlichen Plankton zu unterscheiden vermögen, gelangen die weichmacherhaltigen, krebserregenden Giftstoffe über die weiterführende Nahrungskette in Form der größeren Meerestiere schließlich auch zu uns auf den Tisch.

Bevor die Meeresbewohner jedoch bei uns auf dem Teller landen, werden sie von Trawlern mit Schleppnetzen aus dem kontaminierten Meer hervorgeholt, wovon sich die Fischer eine reiche Beute versprechen. Bei dieser Fangmethode wird der Meeresboden zerstört und die darauf lebenden Tiere getötet, wobei 90 % der Ausbeute aus Beifang wie Wale und Delphine besteht, die qualvoll in den Netzen zugrunde gehen, während die anderen Fische schon vielfach durch den entstandenen Druck im Netz sterben.

Aufgrund der fehlenden Biodiversität des Meeresbodens und der Überfischung ist ein völliger Zusammenbruch der Bestände in den nächsten 50 Jahren zu erwarten, wodurch für ca. eine Milliarde Menschen die Ernährungsgrundlage gefährdet sein wird.

Da die europäischen Meere von den Riesentrawlern mit ihren Schleppnetzen fast leergefischt worden sind, haben sich diese Monsterschiffe auf alle Weltmeere und deren Küsten ausgedehnt. An den Küsten Afrikas haben die Plünderungen dazu geführt, dass die Küstenbewohner ihrer Eiweißlieferanten beraubt wurden. Man mag die Piraterie vor der Küste Somalias verdammen, aber sie hat immerhin zu einer Erholung der Fischbestände geführt.

Dass die Kosten für die Fischereirechte zu 90 % von der EU und somit vom europäischen Steuerzahler finanziert werden, zeigt einmal mehr die Verantwortungslosigkeit dieses Bürokratiemonsters.

Beschleunigt wird die Zerstörung der Meere durch das von uns freigesetzte Kohlendioxid. Knapp die Hälfte des Klimagases löst sich im Wasser und puffert so die Erderwärmung ab. Dabei ändert das Problem aber nur seinen Aggregatzustand. Das Kohlendioxid entwickelt sich in Verbindung mit Wasser zu Kohlensäure. Dadurch werden die Ozeane versauert und die Kalkminerale zersetzt, welche von Algen, Korallen und Muscheln benötigt werden, um ihre Gehäuse zu bauen. Da Kalkalgen an der Basis der Nahrungskette stehen, droht den Ozeanen eine Futterkrise.

Die Eisfläche der Arktis ist in den letzten 30 Jahren fast um eine Million Quadratkilometer kleiner geworden, weil in den vergangenen 100 Jahren die durchschnittliche Temperatur auf der Welt um 0,7 Grad Celsius angestiegen ist. Wenn alles so weitergeht, wird man ab 2040 mit dem Schiff zum Nordpol fahren können. Doch wenn das Polareis komplett schmelzen würde, hätte das auch Folgen für viele Tiere. Der Lebensraum der Eisbären wäre bedroht und damit natürlich auch die Tiere selbst.

Die Atomkraft als fürchterlichste Entdeckung der Menschheit macht auch vor dem Meer nicht halt. So hat man aus Gründen der Bequemlichkeit vor der nordeuropäischen Atlantikküste kurzerhand 100.000 Tonnen Atommüll auf dem Meeresgrund versenkt. Die Fässer sind mittlerweile brüchig geworden, sodass sich die freigesetzten radioaktiven Stoffe wie Plutonium mittlerweile im gesamten Nahrungssystem verbreitet haben und auch schon vor den deutschen Küsten in einer hohen Konzentration nachgewiesen werden konnten.

Obwohl jeder weiß, dass aus der japanischen Atomruine in Fukushima jeden Tag 300 Tonnen radioaktiv verseuchtes Wasser unkontrolliert in den Pazifischen Ozean eingeleitet werden, wollen die Japaner bei der Produktion ihrer elektrischen Energie auch zukünftig auf die unheimliche Atomkraft setzen. Bei der Vorstellung müsste den Japanern eigentlich ihr Sushi im Hals stecken bleiben.

Klimaveränderungen

2014 hat die Weltbevölkerung rund 60 % mehr Treibhausgase in die Atmosphäre gepustet als im Referenzjahr 1990, auf das sich die meisten Reduktionsziele beziehen. Auf Grönland, wo inzwischen Tauwetter vorherrscht, erscheinen mittlerweile selbst Hitzeperioden als ganz normal, genau wie das Gedeihen von Seegurken in der Arktis. So bedeckten im Sommer 2012 nur noch 4.000 Kubikkilometer Meereis den Arktischen Ozean, was nur noch einem Viertel des Volumens der Achtzigerjahre des vorigen Jahrhunderts entspricht. Damit sich der Planet Erde in den nächsten 80 Jahren, im Zeitraum eines Menschenalters, nicht 50-mal schneller erwärmt als nach der letzten Eiszeit, wäre es unmittelbar erforderlich, alle rasenden Spritschlucker sowie hirnlose Kurztrips per Flugzeug und dinosaurierhafte Kohlekraftwerke abzuschaffen. Allein durch die Einführung eines Tempolimits auf unseren Straßen von 120 Stundenkilometern ließen sich rund drei Millionen Kohlendioxid in Deutschland einsparen.

Der Mensch verheizt auf unserer Erdkugel seit wenigen Jahrzehnten derart viel Öl und Kohle, dass der Anteil des atmosphärischen Treibhausgases Kohlendioxid auf Werte steigt, wie es sie in vielen Millionen

Jahren nicht gegeben hat, was die Durchschnittstemperaturen auf immer neue Rekordwerte steigen lässt. Gleichzeitig sinkt der Grundwasserspiegel und die Gletscher schmelzen weg.

Außerdem werden im Rahmen der zunehmenden Erderwärmung in naher Zukunft gewaltige Mengen an Methan in die Atmosphäre freigesetzt, die momentan noch im Permafrostboden der sibirischen Tundra gespeichert sind.

Die Meere gleichen die Temperaturunterschiede zwischen den heißen Tropen und den kalten Polen aus. Sie sind durchzogen von einem großen Strömungssystem, das sich durch alle Meere zieht. Dieses große ozeanische Förderband reicht einmal um die Welt, behindert durch die Kontinente. Vom Nordatlantik strömt es durch den Atlantik nach Süden, umrundet die Spitze Südafrikas und führt weiter in den Indischen und in den Pazifischen Ozean. In beiden Ozeanen steigt es wieder in geringere Meerestiefen und strömt, zwischen den indonesischen Inseln hindurch und an der Südspitze Afrikas herum, zurück in den Nordatlantik, wo der Kreislauf erneut beginnt.

Dieses Förderband bewegt 15 Millionen Kubikmeter Wasser pro Sekunde. Teil des Systems ist der Golfstrom, der warmes Wasser und damit ein angenehmes Klima nach Europa bringt. Der Antrieb dieses Förderbandes liegt in den Meeren der Arktis und der Antarktis. Das Meerwasser gerät mit den Strömungen in diese polaren Regionen und kühlt dort ab. Dabei nimmt seine Dichte zu, es wird schwerer und sinkt in Richtung Meeresboden. So ziehen gigantische Wasserfälle kaltes, salzreiches Wasser von der Meeresoberfläche hinab in große Tiefen.

In den Tropen ist es umgekehrt. Dort erwärmt sich das Tiefenwasser allmählich und steigt wieder an die Oberfläche auf. Wenn Wasser aufsteigt oder absinkt, fehlt es an seinem ursprünglichen Ort. Es wird durch nachfließendes Wasser ersetzt. So fließt Meerwasser aus den Tropen in einer Oberflächenströmung zu den unterseeischen Fällen des Nordens. Das abgesunkene Wasser des Polarmeeres dagegen bewegt sich in einer Tiefenströmung in Richtung Äquator. So schließt sich der Kreislauf.

Die beiden Meeresstockwerke sind durch Temperaturunterschiede und unterschiedliche Salzgehalte voneinander getrennt. 1.000 Jahre kann es dauern, bis das Meerwasser diesen Kreislauf durchlaufen hat. Der Ozean beeinflusst das Klima, indem er Wärme und Kohlendioxid transportiert. Je mehr der Ozean davon speichert, desto geringer fällt der Klimawandel aus. Das Wasser dehnt sich durch Erwärmung aus. Damit sinkt auch seine Dichte. Dazu kommt, dass zufließendes Süßwasser das Meerwasser verdünnt. Sein Salzgehalt sinkt. Auch das lässt die Dichte sinken. Substanzen, die leichter sind als ihre Umgebung, sinken nicht. Sie steigen auf. Das ist das Prinzip des Auftriebs. Damit aber werden die Wasserfälle schwächer oder verschwinden sogar ganz. Der Zirkulation fehlt der Antrieb und sie kommt zum Erliegen. Die Anrainerstaaten des Nordatlantiks kühlen ab.

Seit Jahrzehnten findet eine Abnahme des Salzgehaltes im Meerwasser statt, sodass spätestens am Anfang des 22. Jahrhunderts die thermohaline Zirkulation zusammenbrechen wird. Wenn die Strömung abreißt, versiegt der Nachschub an Wärme und die Durchschnittstemperaturen werden um mehrere Grad sinken. Durch die dynamische Anpassung an die fehlenden Strömungen in der Tiefe wird sich das Tiefenwasser allmählich erwärmen und der Meeresspiegel somit ohne jede Verzögerung um bis zu 1,5 Meter steigen. Auch die Niederschlagsgürtel werden sich verschieben und die Landwirtschaft wird unter Winden und Trockenheit leiden. Durch die Tiefenwasserbildung wird der Nordatlantik mit Nährstoffen versorgt, was dazu führt, dass er zu den fruchtbarsten und ertragreichsten Fischgründen der Erde gehört. Wenn es bis dahin überhaupt noch Fischbestände geben sollte, wird der geringere Salzgehalt die Fortpflanzungsfähigkeit der Meeresbewohner zerstören. Kaltes Wasser kann mehr Kohlendioxid binden als warmes. Nimmt aber die Temperatur des Tiefenwassers zu, kann es weniger anthropogenes Kohlendioxid aufnehmen.

Es gäbe eine Möglichkeit, das Weltklima wiederherzustellen. Dazu müssten Landwirte ihren pflanzlichen Abfall, in dem ja reichlich Kohlenstoff gespeichert ist, durch Verschwelen bei wenig Sauerstoff in nicht biologisch abbaubare Holzkohle verwandeln und unterpflügen. Die Biosphäre sequestriert pro Jahr 550 Gigatonnen Kohlenstoff, wovon wir in der gleichen Zeit nur 30 Gigatonnen emittieren. Davon werden 99 % innerhalb eines Jahres wieder freigesetzt, indem Bakterien, Würmer und Nematoden die Pflanzen zersetzen. Mit diesem Verfahren könnte man dem System ziemlich schnell große Mengen Kohlenstoff entziehen. Bei der Zersetzung entsteht nur wenig Kohlendioxid, stattdessen aber Pyrolysegase, die als Bioenergie von den Bauern verkauft werden könnten. Zusätzlich verbessert Holzkohle die Bodenqualität und spart auf diesem Wege Dünger und Wasser.

Außerdem könnte man mit dem Verteidigungshaushalt des Pentagon von 2014 in Höhe von 770 Milliarden Dollar die Wind- und Sonnenenergie in wenigen Jahren ausbauen und dezentrale Strukturen schaffen, anstatt teure Kriege um das Erdöl zu führen.

Wie verschwenderisch die USA mit dem Erdöl umgehen, kann man daran erkennen, dass sie pro Kopf doppelt so viel davon verbrauchen wie Deutschland als hochentwickelter Industriestandort. Niemand berücksichtigt hierbei, dass die weltweite Erdölbildung aus abgestorbenen Pflanzen viele Millionen Jahre gedauert hat, während sie in nur 150 Jahren verbraucht wird. Länder wie die USA oder Kanada verfügten einst über fast unerschöpfliche Land- und Bodenschätze. Eine scheinbar nie versiegen wollende Quelle materiellen Reichtums, die man nur erschließen und schonungslos ausbeuten wollte, ohne die daraus entstehenden ökologischen Spätfolgen zu berücksichtigen. Was aus der Sicht der Nordamerikaner als Urbarmachung zu begreifen ist und somit dem Charisma ihres vermeintlichen Pioniergeistes entspringt, kann letztendlich doch nur als primitive Umweltzerstörung betrachtet werden.

Es fehlt an Politikern, die ein hinreichend klares Bild von der Zukunft haben und endlich die notwendigen Schritte einleiten, um die Katastrophe abzuwenden. Bliebe es bei der fortschreitenden Erderwärmung, so könnte ein Familienvater in Bangladesch – die meistgefährdete Region der Welt – seine Familie nur noch vor den Fluten des Meeres retten, wenn er auswandern würde, weil es auf nationaler Ebene keine Ausweichmöglichkeiten für ihn gäbe.

Derart einschneidende umweltpolitische Probleme erzeugen schon jetzt unberechenbare massenpsychologische Reaktionen, die weltweit zu einer radikalen politischen Stimmungsänderung führen werden.

Mehr als Honig

Einer der zahlreichen zweifelhaften Erfolge der Globalisierung ist die Ausbreitung der Varroamilbe, die 1977 nach Deutschland eingeschleppt wurde. Sie zehrt vom Blut der Honigbiene und überträgt Krankheitserreger, an dem ein Bienenvolk zugrunde gehen kann. Nur Ameisen- oder

Milchsäure haben sich bislang als eingeschränkt wirksames Mittel bei der Parasitenbekämpfung bewährt.

Wie nicht anders zu erwarten, schaden auch Pflanzenschutzmittel den Bienen. Wenn sie beispielsweise die in der Saatgutbehandlung verwendeten Neonikotinoide auf sich wirken lassen, folgt ein Weg ohne Wiederkehr für die summenden Tierchen. Sie verlieren die Orientierung, werden aber nicht vermisst, weil zwischenzeitlich auch die Bienenkönigin samt Gefolge ihre Brut im Bienenstock verlassen hat und ebenfalls unter dem Einfluss dieses synthetischen Betäubungsmittels mit unbekanntem Ziel umherirrt.

Damit die Honigbienen mit ihrem geschwächten Immunsystem überhaupt noch Lust an ihrer Arbeit empfinden können, werden sie von den Imkern zum Bestäuben der Blüten direkt von Feld zu Feld gefahren, um ihnen die langen Anflugzeiten zu ersparen.

In manchen Regionen Chinas sind die Bienen bereits ausgestorben. Dort müssen Wanderarbeiter die Blüten der Obstbäume von einer Leiter aus mit einem Wattestäbchen befruchten.

Die Ursache für das Bienensterben in China ist auf die Schädlingsbekämpfung zurückzuführen. Um ihr Saatgut auf den Äckern zu schützen, hatten die regsamen Chinesen in ihrer Unwissenheit kurzerhand alle gefräßigen Vögel erlegt, die dann leider keine Insekten mehr fressen konnten. Dadurch hatten die Insekten ihre natürlichen Feinde verloren und konnten sich ins Uferlose vermehren, wobei sie sich, sehr zum Ärger der Bauern, der Nutzpflanzen auf den Äckern als Nahrungsmittel bedienten. Diese sahen sich daraufhin in ihrer berechtigten Verärgerung zum Einsatz von Insektenvertilgungsmitteln gezwungen, um ihre Pflanzen zu schützen, gaben damit aber auch ungewollterweise die sonst so fleißigen Bienen dem Tod durch Vergiftung preis. Was für ein Dilemma, die armen Chinesen.

Welterschöpfungstag

Was passiert eigentlich, wenn die Grundbedürfnisse des Menschen befriedigt sind, er aber noch Kapazitäten frei hat und den Drang verspürt, schöpferisch tätig zu werden?

In einer wachstumsorientierten Gesellschaft muss der Produktionsausstoß von Gütern ständig erhöht werden. Dies dient unter anderem dazu, im Zuge einer fortschreitenden Automation eine konstante Zahl von Arbeitsplätzen erhalten zu können. Dieser Prozess setzt natürlich beim Bürger eine parallel zu dieser Entwicklung angepasste Konsumsteigerung voraus. In diesem Zusammenhang kann kein Unternehmer daran interessiert sein, langlebige Wirtschaftsgüter zu produzieren. Somit werden weltweit jedes Jahr 1,3 Milliarden Tonnen Hausmüll produziert, wovon nur ein Viertel recycelt wird.

Die Weltbevölkerung verbraucht jährlich mehr natürliche Ressourcen, als die Erde innerhalb eines Jahres nachhaltig erzeugen kann. Der Tag, an dem der komplette Jahresvorrat an erneuerbaren Ressourcen theoretisch aufgebraucht ist, wird als »Welterschöpfungstag« bezeichnet. Im Jahr 2014 war dies der 19. August. 2012 reichten die Ressourcen noch bis zum 22. August.

Obgleich die katastrophalen Auswirkungen des bestehenden Wirtschaftssystems offensichtlich sind, setzt die Politik weiterhin auf Wachstum und Konsumsteigerung, um den Besitzstand wahren zu können. An die Stelle der Produktion langlebiger Wirtschaftsgüter ist intensiver Ressourcenverschleiß getreten, der auf einem aberwitzigen, künstlich konstruierten Finanzierungsmechanismus beruht, der jederzeit zusammenbrechen kann, weil er nicht mehr auf der Grundlage eines Austausches von Waren und Dienstleistungen basiert.

Wenn der Wille vorhanden wäre, könnte man dieser Entwicklung mit einer Besteuerung des »Umweltverbrauchs« entgegenwirken. Auch Modelle gemeinschaftlichen Eigentums wie Genossenschaften würden sich anbieten. Zudem ist es unabdingbar, vermehrt auf nachhaltigen Konsum und fairen Handel zu setzen.

Wenn wir aufhören, Dinge zu kaufen, die wir nicht benötigen, dann werden sich die Produzenten dem veränderten Konsumverhalten anpassen müssen. Eines ist jedoch sicher: Wenn wir so weitermachen wie bisher, werden wir es schaffen, die Erdatmosphäre innerhalb von 100 Jahren durch unser unersättliches Konsumverhalten und unsere unermüdliche Leistungskraft zu zerstören. Wer wird wohl der Letzte von uns sein, der das Licht ausschaltet?

Kommunismus versus Kapitalismus

Mit der Erfindung der Dampfmaschine im 18. Jahrhundert begann das Zeitalter der Industrialisierung und der unermüdlichen Massenproduktion von Wirtschaftsgütern. Diese Entwicklung bescherte den Eigentümern der Produktionsanlagen großen Reichtum und den Arbeitern an den Maschinen bittere Armut.

Die Industrialisierung führte dazu, dass handwerkliche Fertigkeiten zur Herstellung einer Ware nicht mehr erforderlich waren, da diese durch maschinelle Fertigungsverfahren in der Produktion ersetzt wurden. Viele Manufakturen wie beispielsweise die Tuchmacherinnung wurden allmählich bedeutungslos.

Wenn man bereit ist, ein Risiko einzugehen, lockt der Kapitalismus mit den Versprechungen des Reichtums. Sollte dabei das Vertraute zerstört werden, so werden neue Innovationen reife Früchte tragen, die in den Schoß des Menschen fallen.

Neben dem alteingesessenen Adel entstanden die neuen Dynastien des Geldadels, der sehr schnell erfahren hatte, dass sich Geld wie Meerwasser verhält und man umso durstiger wird, je mehr man davon genießt.

Die sozialen Missstände inspirierten Karl Marx in der Mitte des 19. Jahrhunderts zu seinem bekannten Werk »Das Kapital«. Darin lieferte Marx eine Kritik der politischen Ökonomie und prangerte den unversöhnlichen Klassengegensatz zwischen Proletariat und Bourgeoise an. Seine Forderung bestand in der revolutionären Überwindung von Klassenherrschaft und Ausbeutung.

Dieses Gedankengut veranlasste Lenin im Oktober 1917 dazu, die politische Macht mittels eines Aufstandes durch russische Werktätige zu übernehmen, nachdem er zuvor von deutschen Agenten in das Russische Zarenreich eingeschleust worden war. Die Gründung der Union der sozialistischen Sowjetrepubliken führte zu einer politischen und wirtschaftlichen Trennung vom Rest der Welt, bis sich der Kommunismus nach dem Zweiten Weltkrieg unter der Führung von Mao Tse-tung auch auf China ausdehnte.

Natürlichen Gesetzmäßigkeiten gemäß existiert bekanntlich alles nur für einen begrenzten Zeitraum. Beispielsweise hat der Krieg in Indochina uns gezeigt, dass die dialektische Welt zerbrechlich ist. Die ideologisch geprägten Machtstrukturen, die sich nach diesem grausamen Krieg etablieren konnten, waren nur von kurzer Lebensdauer. Denn die vormals kommunistisch regierten Länder wie China und Vietnam haben sich an die globale Entwicklung angepasst und sich stufenweise zu einem Wirtschaftssystem entwickelt, in dem kommunistische Planwirtschaft und kapitalistisch geprägte Marktwirtschaft nebeneinander existieren.

Nur das diktatorisch regierte Nordkorea verharrt jenseits seiner Demarkationslinie in einem anachronistischen System, während es weiterhin auf eine kommunistische Planwirtschaft ohne kapitalistische Elemente setzt.

Bei der Betrachtung eines Satellitenfotos fiel mir auf, dass es auf dem Staatsgebiet Nordkoreas keinerlei Lichtquellen gibt, die man vom Weltraum aus hätte erkennen können. Ursache hierfür ist die Armut des Landes, was aber auch dazu geführt hat, dass Nordkorea weitaus geringere Schäden an der Umwelt verursacht als der südlich gelegene Bruderstaat mit kapitalistischer Prägung, der sein erwirtschaftetes Geld dafür nutzt, um das Land in einem Lichtermeer erstrahlen zu lassen.

Sofort werden Erinnerungen an das vormals rein kommunistisch verwaltete China wach, als auf den Straßen Shanghais nur glückliche Radfahrer unterwegs waren, die damals ohne Mundschutz umherradeln konnten, ohne den Mief von zahllosen Autos und stinkenden Fabriken, weil das Land noch eine landwirtschaftlich geprägte Infrastruktur besaß, von der jeder Chinese satt wurde. Der kommunistischen Regierung blieb aber auch in jener Zeit das größte Problem der Überbevölkerung erspart, weil sie durch diktatorische Maßnahmen ein rigoroses Geburtenkontrollsystem durchsetzte, in dem jeder Familie nur noch ein Kind zugestanden wurde.

Demokratisch gewählte Regierungen werden von ihrem Wahlvolk nach sozialen und monetären Versprechungen beurteilt, die meist nicht im Einklang stehen mit sinnvollen umwelt- und bevölkerungspolitischen Zielsetzungen. Zur Erhaltung des sozialen Friedens setzen die politischen Führer seit dem Zusammenbruch der Sowjetunion weltweit auf ein Wirtschaftssystem, das auf die ungezügelte Ausbeutung natürlicher Ressourcen und die Überproduktion von Verbrauchsgütern angewiesen ist, um den volkswirtschaftlichen Wünschen der Bürger gerecht werden zu können.

Man kann den Unterschied zwischen Kapitalismus und Sozialismus sehr einfach erklären: Der Kapitalismus gleicht einem großen Kuchen, der ungerecht verteilt ist. Der Sozialismus hingegen verkörpert einen kleinen Kuchen, der gerecht verteilt ist. Mit dem Zusammenbruch der Sowjetunion wurde auch in Deutschland das Bündnis zwischen Gewerkschaften und Arbeitgebern immer brüchiger. Der Dämon des berüchtigten »Manchester-Kapitalismus« aus den Anfängen der Industrialisierung kehrte zurück und führte zu einem ungehinderten, weltweiten Handel im Zuge der Globalisierung.

Fabrikanlagen wurden in Regionen der Welt verlagert, wo am günstigsten produziert werden konnte, ohne Rücksicht auf Arbeitsbedingungen, Lohnniveau oder soziale Standards. Dies führte nicht nur zu einer Ausbeutung der Arbeiter in den sogenannten »Billiglohnländern«, sondern auch dazu, dass die Arbeiterklasse in den Industrieländern in globalen Wettbewerb treten musste.

Nach den Aussagen des Paritätischen Wohlfahrtsverbandes leben bereits 15 % aller Deutschen unterhalb der Armutsgrenze. Es zeichnet sich aber auch keine Lösung für die sozialen Folgen des globalisierten Kapitalismus ab, was das Vertrauen in das demokratische Selbstverständnis unseres Staatswesens unterminieren könnte und die gesellschaftliche Ordnung möglicherweise langfristig zerstören wird.

Die einzige Möglichkeit, diese fortlaufende Entwicklung zukünftig zu unterbinden, kann nur in protektionistischen Maßnahmen oder einem Verbot bestehen, das den Import von Waren verbietet, bei deren Herstellung und Transport keine Mindestlöhne bezahlt wurden oder die unter unmenschlichen Arbeitsbedingungen produziert wurden.

Trotz der fortschreitenden Automation in den Produktionshallen standen noch nie so viele Menschen im Berufsleben wie heutzutage. Der aberwitzige globale Wettbewerb lässt die Stressbelastung für jeden Einzelnen stetig steigen. Durch den vermehrten Eintritt von Frauen in das Berufsleben stieg die Zahl der Erwerbstätigen in Deutschland von 1955 bis 2014 von 23 Millionen auf 43 Millionen, was nach 1973 zu einem kontinuierlichen Geburtenrückgang in unserer Republik führte. Leider profitieren junge Menschen aus den geburtenschwachen Jahrgängen entgegen allen Behauptungen gegenwärtig kaum vom wirtschaftlichen Aufschwung in Deutschland, vielmehr ist ihre Lebenssituation geprägt von unsicheren Arbeitsverhältnissen, Praktika und Leiharbeit. So arbeiten nach neusten Statistiken mehr als die Hälfte der Erwerbstätigen unter 30 Jahren in schlecht bezahlten, befristeten Jobs, zugleich wird von ihnen ein Höchstmaß an Mobilität und Flexibilität erwartet. Diese Menschen sind aufgrund mangelnder beruflicher Perspektiven und schlechter Bezahlung kaum mehr dazu in der Lage, eine Familie zu finanzieren.

Weil der Gesetzgeber Arbeitsschutzgesetze erlassen hat, darf man vom Staat bei der Gestaltung eines Arbeitsplatzes im öffentlichen Dienst auch eine vorbildhafte Funktion erwarten. Aber leider bedient sich der öffentliche Dienst vielfach der gleichen Mechanismen wie die freie Wirtschaft, wo auf Weisung verantwortungsloser Politiker alle möglichen Arten von Zeit- und Honorarverträgen mit den ohnehin schon verängstigten Berufseinsteigern vereinbart werden.

Seit der Zeit von Arbeitsminister Norbert Blüm gibt es Zeitverträge und Minijobs auf 400- bzw. 450-Euro-Basis, die in Konkurrenz zu sozialversicherungs- und steuerpflichtigen Ganztagsjobs geschaffen wurden und die soziale Ungerechtigkeit noch vergrößern. Zusätzlich verschärft wurde die Situation nach der Agenda von Gerhard Schröder durch die Schaffung von Zeitarbeitsfirmen. Nicht so einfach vermittelbare Arbeitnehmer werden seitdem zu einem schlecht bezahlten Handelsobjekt von privaten Vermittlern instrumentalisiert.

Darüber hinaus hat sich innerhalb der Europäischen Union die Arbeitsplatzsuche für Geringqualifizierte erschwert. Der Verdrängungswettbewerb zwischen eingewanderten und heimischen Geringqualifizierten hat zu Dumpinglöhnen im ohnehin niedrigen Lohnsektor bestimmter Branchen geführt.

In den Jahren vor der Finanzkrise forderten die damaligen Agenda-Politiker unter der Führung von Gerhard Schröder, dass die Deutschen nur den Gürtel enger schnallen müssten, um reich belohnt zu werden. Andere Politiker behaupteten hingegen, dass wir unseren Lebensstandard nur wahren könnten, wenn wir unsere Verpflichtung erkennen, präventiv unseren Konsum zu steigern, damit es uns morgen nicht schlechter gehe als heute.

Die Finanzkrise von 2007 hat uns offenbart, dass in letzter Konsequenz der Staat die Rechnung begleichen muss, wenn im Kasino-Kapitalismus nicht alle Spekulationen glücklich verlaufen, weil die unsichtbare Hand des Marktes versagt hat. Der Anteil der Spekulanten, die als Auslöser der Finanzkrise begriffen werden können, beträgt zwar nur 1 % der Bevölkerung, die entstandenen Verluste hingegen müssen vom Rest der Bevölkerung über viele Generationen getragen werden. So wurde den europäischen Banken zwischen 2008 bis 2010 eine Summe von schätzungsweise 4.600 Milliarden vom Steuerzahler geschenkt, damit sie ihre Spekulationsverluste ausgleichen konnten. Gewinne werden eben realisiert und Verluste sozialisiert.

In den vergangenen Jahren hat die Entwicklung am Arbeitsmarkt zu einer Vielzahl an sogenannten »Aufstockern« gemäß der Hartz-lV-Gesetzgebung geführt. Dabei handelt es sich um Arbeitnehmer, die sich den Differenzbetrag zum Mindestlohn zum Wohle ihres Arbeitgebers vom Staat auszahlen lassen. Frank-Walter Steinmeier behauptete, dass die Hartz-lV-Regelung auf einen Schlag 600.000 neue Arbeitsplätze geschaffen hätte, die vorher nicht besetzt werden konnten, und dass uns dadurch angeblich eine große Wirtschaftskrise erspart geblieben wäre.

Leider sind aber von der Hartz-lV-Regelung hauptsächlich ältere arbeitslos gewordene Arbeitnehmer betroffen, die kaum mehr Aussicht auf einen beruflichen Neubeginn haben dürften. Früher wurde ihnen für unbegrenzte Zeit Arbeitslosenhilfe gewährt. Heutzutage werden sie nach einem Jahr der Arbeitslosigkeit mit anschließender Vermögensoffenbarung unverschuldet und für den Rest ihres Lebens in die Armut getrieben.

Weil Leistung in unserem Land nicht ausreichend vergütet wird, fehlt es immer mehr Erwerbstätigen an Finanzierungsmöglichkeiten für den täglichen Bedarf an Dienstleistungen und Waren, was wiederum die Schwarzarbeit fördert. Ein Arbeitnehmer, der z. B. zehn Euro brutto in der Stunde verdient, muss im Normalfall über zehn Stunden arbeiten, um eine Handwerksfirma nur eine Stunde zu beschäftigen.

Dieses extreme Missverhältnis führt zu diversen volkswirtschaftlich relevanten Verwerfungen. Aus politischer Sicht gehen dem Staat jährlich mehrere 100 Milliarden durch Schwarzarbeit verloren. Doch in der Realität verfügen die meisten Arbeitnehmer nicht über die finanziellen Mittel zur Inanspruchnahme von notwendigen Dienstleistungen wie z.b. Reparaturarbeiten am Auto, während heute von jedem Einzelnen uneingeschränkte Mobilität gefordert wird.

Schwarzarbeit verringert die Belastungen vieler Privathaushalte und verschafft vielen schlecht bezahlten Handwerkern zusätzliche Einnahmen, die meist nach der Auszahlung unmittelbar wieder von ihnen verausgabt und somit umgehend in den Wirtschaftskreislauf zurückgeführt werden. So kann festgestellt werden, dass durch Schwarzarbeit kein volkswirtschaftlicher Schaden entsteht, sondern es wird vielmehr ein Beitrag zum sozialen Frieden geleistet.

Dem sozialversicherungspflichtig beschäftigten Arbeitnehmer ist die wahre Diskrepanz zwischen Brutto- und Nettolohn nicht bewusst, da der steuerliche Arbeitgeberanteil auf seiner Gehaltsabrechnung nicht erscheint. Somit bleiben ihm 44 % seiner Steuerlast verborgen. Obwohl der gesamte Bruttolohn vom Arbeitnehmer erwirtschaftet wurde, vereinnahmt der Staat die im Vorfeld von ihm festgelegten Sozialversicherungs- und Steuerbeträge wie bei einem vollstreckbaren Titel.

So arbeiten die Deutschen ein halbes Jahr lang für ihre Steuer- und Sozialabgaben, während ihnen von den statistisch erwirtschafteten 53.000 Euro brutto pro Kopf nur 25.000 Euro im Säckel bleiben. Im Gegensatz hierzu bleiben den Briten von ihren erarbeiteten 47.500 Euro brutto pro Kopf noch 30.000 Euro netto zur freien Verfügung.

Die Massensteuer wird von der breiten Bevölkerung getragen und setzt sich aus Mineralöl-, Lohn- und Mehrwertsteuer zusammen. Diese Steuereinnahmen deckten 1960 rund 38 % des Staatshaushaltes, im Jahr 2010 waren es rund 71 %. Die Gewinnsteuer hingegen wird nur von den reicheren Bürgern getragen. Im Jahr 1960 erwuchsen daraus noch 35 % der Staatseinnahmen, 2010 waren es nur noch 20 %. Auf Arbeitseinkommen werden 45 % Steuern erhoben, während leistungslose Einkommen aus Kapitalerträgen nur mit 25 % besteuert werden. Auch dies trägt dazu bei, dass sich die Schere zwischen Arm und Reich in Deutschland immer weiter öffnet.

Auch wenn wir unsere Leistungsfähigkeit und Innovationskraft weiter steigern, um im internationalen Wettbewerb zu bestehen, wird dies nicht zu mehr Wohlstand innerhalb der Bevölkerung führen. Vielmehr trägt die wachstumsorientierte Wirtschaftspolitik zur Zerstörung der Umwelt und zur Vernichtung unseres natürlichen Lebensraumes bei. Aber vermutlich wird unser ökonomischer Wachstumsdrang erst dann ein Ende finden, wenn der letzte Baum gefallen ist und wir merken, dass man Geld nicht essen kann.

Auch die Globalisierung der Wirtschafts- und Handelsbeziehungen hat weitreichende Folgen für die Umwelt. Wenn es weltweit nur Marktplätze für heimische Produkte gäbe, dann würden in der Dritten Welt auch keine Supermärkte mehr entstehen, die mit ihren Fertigprodukten in Kunststoffverpackungen den heimischen Bauern ihre Existenzgrundlage nehmen und zudem zur Entstehung von endlosen Müllbergen beitragen, die nicht befriedigend entsorgt werden können.

Auch haben wir es dem globalen Handel zu verdanken, dass die Textilien an unserem Körper zu 25 % aus Chemikalien bestehen und aus gesundheitlichen Gründen eigentlich nicht tragbar sind. Schon während der Wachstumsphase auf den Feldern werden die Baumwollpflanzen mit Kunstdünger, Pestiziden, Formaldehyd und Schwermetallen konfrontiert. Diese Stoffe sind für den menschlichen Körper nicht verträglich. Während der Herstellung der Textilien leiden Arbeiter in den sogenannten »Billiglohnländern« unter den ätzenden Dämpfen in den Färbereien und verarbeiten die mit Chemikalien versetzten Stoffe mit bloßen Händen, bevor die Chemikalien in Form von Fabrikwasser oder Gasen ins Meer und in die Atmosphäre gelangen.

Während hierzulande der Anteil des produzierenden Gewerbes an der Wirtschaftsleistung zunimmt und 2011 mit 26,2 % einen Spitzenwert erreicht hat, verliert die Industrie in den USA und im Rest Europas gegenüber den Dienstleistungen ständig an Boden. In diesen Staaten trägt die Industrieproduktion nur 13 bis 18 % zur Bruttowertschöpfung bei, weshalb alle anderen Staaten nun die Re-Industrialisierung auf ihre Fahnen schreiben. Die EU-Kommission ruft gar eine »dritte industrielle Revolution« aus, um Europa auf den Wachstumsmarkt zurückzubringen.

Die Herstellung von hochkomplizierten Technologieprodukten hat die deutsche Wirtschaft widerstands- und wettbewerbsfähig gemacht und vieles spricht dafür, dass der Vorsprung erhalten bleibt. Die deutsche Industrie ist so breit und international aufgestellt, dass sie genau dort stark ist, wo künftig Wachstum stattfinden wird: in den Schwellenländern, bei der Infrastruktur und in der Umwelttechnologie. Da eine Re-Industrialisierung riesige Investitionen und langwierigen Know-how-Aufbau erfordert, ist es eher eine Frage von Jahrzehnten als von Jahren, bis andere Staaten das deutsche Niveau nur annähernd erreicht haben werden.

Bis dahin wird die Welt wohl weiterhin mit zahllosen kurzlebigen Massenwaren überschwemmt werden, die aus wertvollen, unwiederbringlichen Rohstoffen produziert wurden.

Irgendwann jedoch wird der Mensch völlig überfordert sein, wenn die Wachstums- und Beschleunigungszwänge bruchlos ineinandergreifen, weil die Zeithorizonte im Produktionsprozess immer kürzer werden und die erwirtschafteten Rationalisierungsfortschritte nicht verschenkt werden dürfen. So droht uns zukünftig nicht nur ein weiterer Abbau von Arbeitsplätzen in der Landwirtschaft und Industrie, sondern auch im Verwaltungs- und Dienstleistungssektor als Folge der Einführung von neuen Technologien, wie z. B. dem Internet. Dies wird uns in einen schonungslosen Wettbewerb auf globaler Ebene führen, bei dem es fast nur Verlierer geben kann.

Unterdessen schreitet die Entwicklung von Robotern, die technische Kraft mit technischer Denkleistung kombinieren, stetig voran. Voraussichtlich werden sie den Menschen zunehmend aus der industriellen Produktion verdrängen und in nicht allzu ferner Zukunft alle menschlichen Aufgaben übernehmen. Vielleicht können sie sich irgendwann selbsttätig in beliebiger Stückzahl reproduzieren, bis sie den Menschen am Ende ihrer Entwicklung schließlich vernichten werden.

Diese »neuen Menschen« werden sich möglicherweise dann von »kosmischer Energie« ernähren können und nach unseren Maßstäben als unsterblich gelten, da sie sich den Lebensbedingungen der bis dahin abgewirtschafteten Erde anpassen werden. Aber auch künstlich erschaffene Wesen werden ihr gesetzmäßiges Ende finden und erkennen müssen, das alles nur Maya ist und dass aus dem »Nichts« nur etwas entstehen kann, was letztendlich im »Nichts« enden wird.

Militärstrategien

Friedensstifter NATO

Zerstörung, Krieg und Grausamkeit gibt es vermutlich schon, seit Menschen diesen Planeten bewohnen, doch erst seit der Erfindung der Atombombe ist die Menschheit in ihrem Fortbestand bedroht. Am 16. Juli 1945 wurde die erste Atombombe der Welt in den USA gezündet. Mit der Weiterentwicklung dieses Waffentyps zur Wasserstoffbombe eröffnete sich das dunkelste Kapitel nach 200.000 Jahren Menschheitsgeschichte.

Schon nach wenigen Jahren waren die beiden militärischen Kontrahenten USA und UdSSR in der Lage, sich gegenseitig zu vernichten. Warum dann noch weiter bis zum mehrfachen Overkill-Potential aufgerüstet wurde, bleibt ein Rätsel für die menschliche Logik.

Die Perversion und Zerstörungskraft dieser Waffensysteme ist unglaublich und verdeutlicht uns, wohin uns die Wissenschaftsgeschichte geführt hat. So gibt es mittlerweile Massenvernichtungswaffen, die mehrere Sprengköpfe mit sich tragen und mit einer einzigen ballistischen Rakete ein riesiges Areal radioaktiv verseuchen können.

Angesichts der Zerstörungskraft dieser Waffensysteme stellt sich die Frage, ob sie nicht auch unwissentlich, durch menschliches oder technisches Versagen zum Einsatz kommen könnten. Das Damoklesschwert hängt jedenfalls über der Menschheit und keiner scheint es wirklich zu bemerken, denn der deutsche Durchschnittsbürger ist in Bezug auf das weltpolitische Geschehen in den meisten Fällen völlig desinteressiert und glaubt nicht daran, dass er in einem nuklearen Holocaust gegrillt werden könnte, da wir uns ja militärisch schützen können und unter dem atomaren Schutzschirm der NATO stehen.

Doch wer zuerst schießt, stirbt eben als Zweiter. Es genügt ein Knopfdruck von irgendeinem verrückt gewordenen Präsidenten und alles fliegt uns um die Ohren. Nur ein Knopfdruck und die nächsten bewohnbaren Planeten liegen Lichtjahre von uns entfernt.

In jedem Menschen ist ein archaisches Muster angelegt, das ihn im Stressfall zu irrationalen Handlungen führen kann, wenn sein Denken von Ängsten geprägt wird und die Nerven versagen. Dann fühlt er sich wie ein Tier, das in die Enge getrieben wurde. So existiert jeder Mensch nur in seinem eigenen ärmlichen Mikrokosmos, in dem ein sterbliches und angsterfülltes animalisches Wesen lebt.

Weil die beiden großen Atommächte USA und Russland mit ihrem nuklearen Waffenarsenal theoretisch in der Lage sind, sich gegenseitig mehrfach zu vernichten, wäre bei einem großen atomaren Schlagabtausch zu befürchten, dass es keinen Sieger geben wird. Die unvorstellbare Zerstörungskraft dieser Waffensysteme würde zur Vernichtung der menschlichen Spezies, zum Zusammenbruch aller komplexen Lebensformen des Ökosystems und zur völligen Veränderung des globalen Klimas führen.

Robert Oppenheimer, der wissenschaftliche Leiter des Manhattan-Projekts und Vater der Atombombe, haderte zeitlebens mit seinem Gewissen. Nach der Zündung der ersten Atombombe im Jahr 1945 zitierte er verbittert einen Satz aus der »Bhagavadgita«, einer heiligen Schrift der Hindus: »Jetzt bin ich der Tod geworden, Zerstörer der Welten.«

Schon bald nach Ende des Zweiten Weltkrieges teilten sich die Staaten der nördlichen Hemisphäre in die beiden Machtblöcke NATO und Warschauer Pakt. Auch Bundeskanzler Konrad Adenauer setzte auf Polarisierung und Abgrenzung zum östlichen, kommunistisch geprägten Bündnissystem.

Genau wie Österreich wurde auch Deutschland exklusive der polnisch besetzten Gebiete nach dem verlorenen Zweiten Weltkrieg von den Siegermächten in vier Besatzungszonen aufgeteilt. Doch besaßen die Österreicher im Vergleich zu den Deutschen ein größeres Verhandlungsgeschick. Unter dem Zugeständnis, sich keinem Bündnispakt anzuschließen, gewährte ihnen die Sowjetunion die gesamtstaatliche Unabhängigkeit. Bleibt noch die Frage, wie Russland mit seinem damaligen Besatzungsgebiet verfahren wäre, wenn man dieser Lösung nicht zugestimmt hätte. Dann wäre eine recht skurrile Situation entstanden, in deren Verlauf die österreichische Enklave wahrscheinlich in den Machtbereich der DDR eingegliedert worden wäre.

So soll auch Stalin 1952 der damaligen Bundesregierung unter der Führung von Adenauer im Falle der Bündnisneutralität die Wiedervereinigung mit der DDR angeboten haben. Der weiterhin bestehende militärische Besatzungsstatus durch die Alliierten führte dann aber zu einer Ablehnung des Angebotes, um nicht das militärische Gleichgewicht innerhalb der Bündnissysteme zu gefährden.

Böse Zungen sollen allerdings behauptet haben, dass der mit einer hauchdünnen Mehrheit von nur einer Stimme gewählte Adenauer Angst davor hatte, bei einer gesamtdeutschen Wahl seine parlamentarische Mehrheit zu verlieren, weil die damalige Bevölkerung der DDR größtenteils aus Protestanten bestand.

Als 1955 die letzten deutschen Soldaten aus russischer Kriegsgefangenschaft entlassen wurden, entschloss sich Adenauer im Zuge der sich zuspitzenden Polarisation zwischen Ost und West überraschenderweise zur Gründung der Bundeswehr, woraufhin zum Kräfteausgleich in der DDR die Volksarmee ins Leben gerufen wurde. Somit gab es wieder ganz im Sinne von Adenauer ein eindeutiges Feindbild auf beiden Seiten des »Eisernen Vorhanges« und einen berechtigten Anspruch auf die Gründung der Bundeswehr.

Als dann zu guter Letzt die Amerikaner mit Adenauers Zustimmung auch noch atomare Waffensysteme auf deutschem Boden stationieren durften, kam das Szenario der völligen Vernichtung Deutschlands im Kriegsfall in greifbare Nähe, sodass auch Zweifel an dem Geisteszustand von Adenauer aufkamen.

Bald darauf bekam Adenauer während der Kubakrise Besuch vom damaligen amerikanischen Präsidenten Kennedy, dem er im Angesicht eines atomaren Holocausts noch den schlauen väterlichen Ratschlag erteilte, Stärke zu zeigen und nicht von seiner Grundhaltung im Konflikt abzuweichen.

Dennoch gab es skeptische Politiker innerhalb der SPD, wie den damaligen Wehrexperten Helmut Schmidt, der die atomare Bedrohung anprangerte und davor warnte, dass Deutschland sich wegen seiner landgestützten Atomraketen zu einem Primärziel für sowjetische Präventivangriffe entwickelt hätte. Nach der Kubakrise erneuerte Schmidt seine Warnung mit dem Hinweis, dass die Ausstattung der Bundesrepublik mit nuklearen Raketen, die Leningrad oder Moskau in Schutt und Asche legen könnten, die Sowjetunion in gleicher Weise provozieren könnte, wie etwa die Ausstattung Kubas mit derartigen Raketen die USA provoziert hatte. Während seiner späteren Amtszeit als Bundeskanzler ermunterte er hingegen den – seiner Ansicht nach unterbelichteten – amerikanischen Präsidenten Jimmy Carter zu einem Nachrüstungsbeschluss in der Absicht, auf deutschem Boden Mittelstreckenraketen mit dem Namen »Pershing ll« und »Cruise Missiles« zu stationieren – als Antwort auf die Bedrohung durch die sowjetischen Mittelstreckenraketen SS 20.

Doch Helmut Schmidt scheiterte, weil er keine Mehrheit für seinen Plan innerhalb seiner eigenen Partei fand und nach einem Komplott unter der Führung seines Koalitionspartners Dietrich Genscher einem Misstrauensantrag zum Opfer fiel. Danach musste er seine Kanzlerschaft an Helmut Kohl von der CDU abtreten, der nach der Machtübernahme den NATO-Doppelbeschluss sofort umsetzte.

Ich kann mich noch an eine parteiinterne Wahlveranstaltung mit dem damaligen verteidigungspolitischen Sprecher der CDU Volker Rühe erinnern, der die geplante Stationierung von Pershing-ll-Raketen im Rahmen des Nato-Doppelbeschlusses als unumgängliche (oder alternativlose) Maßnahme im Rüstungswettlauf mit der Sowjetunion bezeichnete. Er glaubte in seiner Rede fest daran, dass über deren möglichen Einsatz im Kriegsfall nur die Amerikaner verfügen dürften, weil seiner Meinung nach kein Deutscher im Kriegsfall dazu bereit wäre, sein Volk zu opfern. Was für ein ehrenwerter Mensch, dieser Volker Rühe. Unvorstellbar, dass dieser Mann in der Regierung von Helmut Kohl auch noch Verteidigungsminister wurde. Jedenfalls habe ich nach der Rede meinen Parteiaustritt per Postkarte erklärt und mich niemals mehr für eine »christlich« motivierte politische Partei interessiert.

Was nicht berücksichtigt wurde, war die Zweitschlagfähigkeit der USA und der UdSSR, die auf unverwundbaren Systemen wie den Atomunterseebooten beruhte. Diese Boote sind auf allen Weltmeeren unterwegs und können nur schwer vom Gegner geortet werden.

Die Pershing-ll-Raketen konnten innerhalb von zehn Minuten ihr Ziel in der Sowjetunion erreichen und besaßen darüber hinaus aufgrund einer elektronischen Selbstregelung eine sehr hohe Treffgenauigkeit und Durchdringungskraft.

Angesichts der drohenden Gefahr stellte sich für mich und viele andere die Frage, warum man bei einem bestehenden Overkill-Potential an Atomwaffen überhaupt noch nachrüsten muss. Erstmals dachte ich darüber nach, in einen sicheren Staat auf der »Südhalbkugel« auszuwandern. Als potentiell bündnisfreie Länder kamen die Staaten Südamerikas wie beispielsweise Argentinien und Chile infrage, wo man sich auf Feuerland im äußersten Süden in eine einigermaßen sichere Position zurückziehen konnte. Doch blieb die Frage unbeantwortet, ob man nicht auch in dieser Region nach einem abgewickelten Atomkrieg auf der Nordhalbkugel mit einem nuklearen Fallout rechnen müsste. Existierten die Wettersysteme auf der Nord- und Südhalbkugel unabhängig voneinander, oder würde ich dort auch keine Überlebenschance haben? Welche Erwerbsmöglichkeiten hätte ich in dieser Region, um mir eine Existenzgrundlage ohne familiäre Anbindung aufbauen zu können? Fragen über Fragen, auf die ich keine wirkliche Antwort hatte und die mich schließlich am Auswandern hinderten. Wie war das noch mit den Kriegen, in denen sich Menschen umbringen, die sich nicht kennen, weil sich Menschen, die sich kennen, nicht mögen?

In der Psyche von führenden Politikern scheint das Bewusstsein für das Gefahrenpotential, das von Atomwaffen ausgeht, nicht wirklich zu existieren. Diesbezüglich werden sie immer noch von urzeitlichen Reaktionsmustern gelenkt, die bis in die Steinzeit zurückführen.

Auch die gegenwärtigen Versuche der Kriegsverhütung durch Abschreckung und Sanktionen führen zwangsweise zu einer Eskalation der Problematik, die jederzeit zu Missverständnissen führen können, die weder politisch noch militärisch beherrschbar sind. So bleibt der menschliche Faktor entscheidend für die Vermeidung einer Katastrophe.

Es gab in den letzten 60 Jahren viele Fälle menschlichen Versagens auf diesem Gebiet, die wie durch eine Schicksalsfügung nicht zu atomaren Katastrophen und Kriegshandlungen geführt haben, wie uns die nachstehend aufgeführten Beispiele zeigen.

Werfen wir zunächst einen Blick auf die Kubakrise im Oktober 1962. Während sich Kennedy und Chruschtschow noch mit lächelndem Gesicht die Hände schüttelten, dachten sie im nächsten Moment schon darüber nach, wie sie ihren politischen Gegner am schnellsten grillen könnten.

Auf die Stationierung amerikanischer Mittelstreckenraketen vom Typ Jupiter in der Türkei hatte die Sowjetunion seinerzeit mit der Stationierung von Mittelstreckenraketen auf Kuba reagiert. Dadurch wollte Chruschtschow die Flugdauer seiner Mittelstreckenraketen für einen potentiellen Erstschlag verkürzen und gleichzeitig seine wirtschaftlichen sowie strategischen Interessen absichern.

Während der Seeblockade wurde der erste sowjetische Frachter von der amerikanischen Marine blockiert. Der Begleitschutz bestand aus mehreren mit Atom-Torpedos bestückten U-Booten, die durch den Einsatz von Übungswasserbomben zum Auftauchen gezwungen wurden. Doch der U-Boot-Kommandant von »B 59« Sawizki geriet in Aufregung und dachte, dass der Krieg schon begonnen hätte. Er wollte den an Bord befindlichen Atom-Torpedo abfeuern, um nicht die russische Flotte zu beschämen. Doch der Vizeadmiral der sowjetischen U-Boot-Flotte Wassili Alexandrowitsch Archipow setzte sich durch und die »B 59« tauchte auf. Doch als das U-Boot-Rudel heimkehrte, bekam Archipow für seine »Heldentat« nicht den Leninorden, sondern musste gemeinsam mit seinem Kommandanten vor einem Tribunal in Moskau seine Handlungsweise begründen.

In einem anderen Fall hatte der Offizier Stanislaw Petrow am 25. September 1983 die Aufgabe, in seinem Gefechtszentrum Bereiche der USA zu beobachten, aus denen heraus sich Flugkörper der Sowjetunion hätten nähern können. Der damalige US-Präsident Ronald Reagan, der die UdSSR auf provokative Weise als »Reich des Bösen« bezeichnete und gleichzeitig Pershing-ll-Raketen in Westeuropa aufstellen ließ, fühlte sich in seiner Cowboymentalität dazu berufen, durch seine aggressive, ideologisch geprägte Grundgesinnung gegenüber der Sowjetunion die Welt in Angst und Schrecken zu halten und somit eine Situation des Misstrauens zu erschaffen. Plötzlich und unerwartet signalisierte der Computer von Stanislaw Petrow fünf einzelne Raketenstarts. Doch Petrow meldete seinem Vorgesetzten einen Fehlalarm. Es machte ihn stutzig, denn er hatte im Verteidigungsfall mit einem Massenstart von amerikanischen Raketen gerechnet.

Nach 17 Minuten konnte Entwarnung gegeben werden, denn die Radaranlage meldete, dass keine Raketen mehr im Anflug waren. Die Beobachtungssatelliten hatten die reflektierenden Sonnenstrahlen über der amerikanischen Militärbasis fälschlicherweise als Raketenstarts interpretiert. Es ist wie mit den 99 Luftballons, die von Nena besungen werden: »Dass so was von so was kommt.«

In einer Zeit, wo die Spannungen zwischen Ost und West einen neuen Höhepunkt erreichten, fand zu allem Übel im November 1983 auch noch die NATO-Übung »Able Archer« statt, die die Welt abermals an den Rand eines Atomkrieges führte.

Ziel der Routineübung war die Überprüfung neuer Verfahrenswege für den Einsatz von Nuklearwaffen. So waren die Sowjets verunsichert über das von Ronald Reagan angekündigte Raketenabwehrprogramm im Weltraum und die bevorstehende Stationierung von Pershing-ll-Raketen in der Bundesrepublik.

Meinungsbildend sollen vor allem der russisch-britische Doppelagent Oleg Gordijewski und führende Militärstrategen gewesen sein, die von einem bestehenden Atomangriff auf die Sowjetunion im Rahmen einer NATO-Übung überzeugt waren.

Die strategischen Bomber des Warschauer Paktes wurden daraufhin in erhöhte Alarmbereitschaft versetzt und sollen angeblich kurz vor ihrem Abflug gestanden haben.

Letztendlich führte die Krise dann doch noch zum vorzeitigen Ende der NATO-Übung und der greise amerikanische Präsident Ronald Reagan präsentierte sich der verängstigten Öffentlichkeit wieder grinsend und mit Nancy an seiner Seite. Er war als Staatsmann und Mensch eben auch nur ein drittklassiger Schauspieler.

Der Streit um die Krim

Putin kann es nur als Katastrophe empfunden haben, als die vormals kommunistisch geprägte Sowjetunion nach dem Regimewechsel durch Jelzin in mehrere Teilstaaten aufgelöst wurde, deren Grenzziehung sich an den territorialen Umrissen der ehemaligen Sowjetrepubliken und nicht unbedingt an den ethnologischen Rahmenbedingungen orientierte.

Als Beispiel mag hier die Krim gelten, die der damalige Kremlchef Chruschtschow während seiner Amtszeit aus irgendeinem unerklärlichen Grund, angeblich nach einem Saufgelage, der Ukraine als Geschenk überlassen haben soll, obwohl die Halbinsel hauptsächlich aus einer russischsprechenden Bevölkerung besteht und deren Bewohner zu Russland gehören wollen.

Nach dem Zerfall der Sowjetunion verlor der verbleibende Kernstaat Russland außerdem seine ehemaligen Bündnispartner in Europa, die entgegen den bilateralen Vereinbarungen nach dem Fortfall des »Eisernen Vorhanges« der NATO beitraten und somit das Ungleichgewicht der strategischen Kräfte vergrößerten.

Damals ist die europäische Sicherheitsordnung zerstört worden, die 1973 in Helsinki festgelegt wurde. Der Vorschlag vom damaligen Staatspräsidenten Medwedew für eine neue Sicherheitsordnung in Europa wurde von der NATO ignoriert, weil sie mit dem Verlust des Feindbildes ihre Existenzberechtigung aufs Spiel gesetzt hätte.

Seit der Pariser Charta von 1990 verbreiten die USA eine Art Siegermentalität und tolerieren keine Veränderung im Verhältnis zu Russland, sodass Putin auf der Sicherheitskonferenz 2007 den Westmächten unmissverständlich zu verstehen gab, wo für ihn die rote Linie verläuft. Russland ist ein Land mit einem vergleichbaren Bruttosozialprodukt wie Italien, seine Existenz beruht größtenteils auf dem Verkauf von Rohstoffen. Es ist umgeben von einem weit überlegenen, angeblich pazifistisch orientierten Verteidigungsbündnis, der NATO, und dem auch im Rüstungsbereich expansiv ausgerichteten Boomland China. Dort hat sich im Sprachgebrauch auch schon das Wort »Lebensraum« etabliert, wobei der Blick auf den Bereich nördlich der chinesischen Grenze gerichtet ist. Das Einzige, was der ehemaligen Supermacht als Abschreckungspotential erhalten geblieben ist, sind seine Atomwaffen, mit deren Hilfe Putin faktisch unangreifbar bleibt. Sanktionen und eine Ausweitung der Militärpräsenz in Osteuropa können den Konflikt nur noch verstärken.

Russland hat die Krim im März 2014 annektiert. Wie im Fall der Kubakrise vergleichen viele amerikanische Politiker und Parlamentarier die aktuelle Problematik auf der Krim mit dem Konflikt von 1938, als der damalige britische Premierminister Chamberlain irrtümlicherweise glaubte, dass sich Hitlers territoriale Forderungen nur auf das deutschsprachige Sudetenland beschränken würden. Auf der Grundlage dieses politischen Ereignisses argumentierte die militärische Führung der USA zur Zeit der Kubakrise und sprach sich für die Notwendigkeit eines entschlossenen militärischen Vorgehens gegenüber Kuba aus. Gott sei Dank war der damalige Präsident Kennedy weitsichtiger als seine uniformierten Berater.

Auch Obama, ein großer Verehrer Lincolns, sollte rückblickend dankbar sein für die Auflösung des Warschauer Paktes und der »friedlichen Entstehung neuer Staaten« im Machtbereich der ehemaligen Sowjetunion. Lincoln hingegen hatte sich seinerzeit den Unabhängigkeitsbestrebungen in den USA durch einen Sezessionskrieg widersetzt, obwohl sich die Bevölkerung in den Südstaaten durch demokratische Volksabstimmungen für die Unabhängigkeit ausgesprochen hatte.

Im Streit um die Krim ist die auffällige Zurückhaltung Chinas bemerkenswert, obgleich es sich in diesem Zusammenhang an die völkerrechtswidrige Besetzung Tibets vor etwa 60 Jahren erinnert fühlen müsste.

Es existiert zwar keine völkerrechtliche Legitimation, aber könnte man die Krimkrise nicht auch als den Versuch einer geographischen und politischen Nachbesserung durch einen gedemütigten Bären sehen, der es während der unerwarteten Auflösung seines Reiches versäumt hat, die ethnologischen Gegebenheiten bei der Aufteilung seines Hoheitsgebietes territorial zu klären?

Obwohl US-Präsident Obama Russland lediglich als eine Regionalmacht betrachtet, rief der Generalsekretär der NATO Rasmussen die europäischen Bündnispartner zu verstärkten Rüstungsanstrengungen auf. Hierbei scheint der ansonsten unbekannte Herr vergessen zu haben, dass im Jahr 2014 allein der Rüstungsetat der USA als größtes Mitglied dieser Gemeinschaft das Zehnfache des militärischen Antagonisten beträgt. Angesichts dieser Zahlenwerte weiß jeder realistisch denkende Militärstratege, dass die NATO dem vermeintlichen russischen Gegenspieler quantitativ und qualitativ im militärischen Bereich völlig überlegen ist, wenn man das Bedrohungspotential der atomaren Waffen unberücksichtigt lässt, das jeden Gedanken an einen militärischen Schlagabtausch zwischen den Kontrahenten ad absurdum führt.

Somit kann der Westen in dem Streit um die Ukraine maximal zivile oder wirtschaftliche Strafmaßnahmen in Betracht ziehen, um seinem Unmut über die Annexion der Krim Ausdruck zu verleihen, bevor man sich der Gefahr einer gegenseitigen Vernichtung aussetzt. So entsteht, wie im Fall der Ukraine-Krise, in der Spirale gegenseitiger Schuldzuweisungen und wechselseitiger Sanktionen eine Atmosphäre des Hasses und des Misstrauens, was eigentlich nur zur Konfliktverschärfung bis an den Rand eines Atomkrieges führen kann, wenn einer der autorisierten Herren die Nerven verlieren sollte.

Die von allen Parteien, bis auf die Linke, vielbeschworene friedensstiftende Bedeutung der Nato und der EU kann aber langfristig nur wirksam werden, wenn Russland endlich als ein integraler Bestandteil dieser Organisationen betrachtet wird. Angesichts seiner natürlichen Reichtümer und der Möglichkeit einer hieraus erwachsenden, wünschenswerten synergetischen Wirkung im Bündnis mit dem westlichen Machtblock sollte das Ziel aller vorausschauenden, verantwortlichen Politiker darin bestehen, eine Art eurasischer Union zu schaffen, für deren Gründung kein Preis zu hoch sein dürfte, zumal die bisherigen, astronomisch hohen Rüstungsausgaben aller beteiligten Staaten dann endlich sinnvoll verwendet werden könnten.

Somit könnte sich über die Nordhalbkugel unserer Erde mit der Einbeziehung Russlands und der GUS-Staaten in die westliche Hemisphäre eine friedvolle Wohlstandsgesellschaft entwickeln. Auf diese Weise könnten innerhalb eines gemeinsamen Wirtschaftsraumes mit freiem Personen- und Warenverkehr zwischen souveränen Staaten auch die primären Probleme von nationalen Minderheiten überwunden werden.

Obama kam persönlich nach Polen und sprach in einer pathetischen Rede von der Entschlossenheit der NATO, jeden Angriff auf das Bündnisgebiet mit militärischen Mitteln abzuwehren. Eine »Schnelle Eingreiftruppe« mit 4.000 NATO-Soldaten aus verschiedenen Ländern des Bündnisses sollen im Bedarfsfall die Unversehrtheit der Grenzen schützen.

Als Laie versuche ich einfach einmal, mir den militärisch-strategischen Verlauf eines denkbaren Konfliktes vor Augen zu führen, auch wenn ich gemäß meiner Grundüberzeugung einen Krieg als Fortsetzung der Diplomatie mit anderen Mitteln persönlich ablehne: In der ersten Phase des Krieges werden russische Soldaten wieder einmal, wie 1939, die polnische Grenze im Geleitzug von Panzerverbänden und Artillerie überschreiten und in Kampfhandlungen mit der »Schnellen Eingreiftruppe« verwickelt werden.

Aber im Gegensatz zum Zweiten Weltkrieg wird in der Zivilbevölkerung nach Bekanntgabe des Kriegszustandes angesichts der atomaren Bedrohung niemand dazu bereit sein, weiterhin am Gesellschaftsleben in der gewohnten Weise teilzunehmen. Die Mehrheit in der Bevölkerung wird in eine Schockstarre verfallen und voller Angst darauf warten, bald in einem atomaren Schlagabtausch gegrillt zu werden.

NATO-Truppen werden die Russen aufgrund ihrer militärischen Überlegenheit auf ihr eigenes Territorium zurückdrängen. Jetzt entschließt sich der in seinem Stolz gekränkte Staatspräsident Putin zum Einsatz seiner taktischen Atomwaffen, um den Feind für sein ungerechtfertigtes Vorgehen zu bestrafen.

Doch Putin hat vergessen, dass der, der als Erster schießt, als Zweiter sterben wird. Auf beiden Seiten werden alle Kräfte der gegenseitigen Abschreckung mobilisiert und eingesetzt, bis der letzte Sprengkopf kein Ziel mehr finden kann, wie Peter Maffay es in einem seiner Lieder zum Besten gegeben hat.

Was dann noch kommt, ist eine Eiszeit nach dem nuklearen Winter, der jede höhere Lebensform auf der Erde zerstören wird.

Insekten und Ungeziefer werden sich aufgrund ihrer kurzen Reproduktionsphasen den neuen Bedingungen an eine verstrahlte und kaputte Umwelt durch Mutation am ehesten anpassen. Möglicherweise werden auch noch ein paar wurzelfressende Nager unterhalb der Erde das Inferno überleben, wie vor 65 Millionen Jahren, als ein Asteroid aus dem fernen Weltall auf der Erde einschlug und alle höheren Lebewesen zur Hölle schickte.

Aber vielleicht bleiben uns alle diese denkbaren Szenarien erspart, weil uns wider Erwarten der auferstandene Jesus in diesem Moment von all den vielen paranoiden Politikern im Angesicht des Todes erretten wird, bevor er uns als riesiges Kollektiv gemäß der Offenbarung in den Himmel aufsteigen lässt.

Die gegenwärtigen Versuche der Kriegsverhütung durch Abschreckung und Sanktionen führen zwangsweise wie in einer Spirale zu einer Eskalation der Problematik. Jederzeit kann es zu Missverständnissen kommen, die weder politisch noch militärisch beherrschbar sein werden. So bleibt der menschliche Faktor weiterhin entscheidend für die Vermeidung einer Katastrophe, wobei jedoch bedacht werden muss, dass jeder Mensch immer noch Reaktionsmuster in sich trägt, die aus der Steinzeit stammen.

An dieser Stelle möchte ich auch einmal ein dickes Lob an Frau Merkel aussprechen. Als einzige Politikerin weltweit hatte sie den Mut, mit Putin Waffenstillstandsverhandlungen über die von den Separatisten beherrschten Gebiete in der Ukraine zu führen. Man darf sich doch an dieser Stelle ernsthaft fragen, wie wichtig den weltweit verantwortlichen Politikern dieses brisante Problem ist. Wo waren denn Leute wie der britische Premierminister Cameron oder US-Präsident Obama während der Verhandlungen in Minsk? Desinteresse oder Mutlosigkeit angesichts eines scheinbar bedeutungslosen Konflikts?

Aber was passiert, wenn sich die ersten Verhandlungserfolge abzeichnen? US-amerikanische Hardliner und Kriegstreiber wie McCain und der NATO-Oberbefehlshaber Breedlove konterkarieren dieses Abkommen durch eine billige Kriegsrhetorik. Sie wollen die Muskeln spielen lassen, indem sie auf Waffenlieferungen an die Ukraine drängen. Während sie den Weltfrieden gefährden, verbreiten sie wie geistig minderbemittelte Vollpfosten Angst und Schrecken auf der Welt, weil sie es für strategisch klug halten, ein militärisches Bedrohungspotential zur Einschüchterung der Russen aufzubauen und gegebenenfalls auch einzusetzen. Und weil sie glauben, auf alle sicherheitspolitischen Fragen eine bessere Antwort zu besitzen als die Europäer. Das erinnert mich erneut an den Kubakonflikt, als ranghohe Militärstrategen aus dem Pentagon den damaligen Präsidenten Kennedy zu nötigen versuchten, die Militärbasen auf Kuba einfach bombardieren zu lassen.

Für Berufsmilitaristen scheint die Welt immer noch anders zu ticken als für den Normalbürger. Wie jeder andere Mensch möchten auch sie etwas leisten, das Anerkennung findet. Da kann man es ihnen nicht verübeln, dass ihr Körper nur im Kriegsfall Glückshormone streut, um sich auch einmal selbst zu spüren.

Behandlung statt Heilung

Wenn der Mensch endlich den Schlüssel gefunden haben wird, mit dem sich der natürliche Alterungsprozess verhindern lässt, dann wird er ihn auch benutzen, um sein Leben künstlich zu verlängern, und nicht nach den Folgen seiner Entscheidung fragen. Denn die Wissenschaft sieht es als ihr Vorrecht an, zu tun, was sie kann, ohne zu fragen, ob sie dies darf oder soll.

Wir haben verlernt, den Tod als etwas Natürliches zu verstehen und ihm in der Ordnung der Dinge einen Platz einzuräumen. Dieses Empfinden scheint nicht mehr in eine auf materiellen Wohlstand ausgerichtete, atheistische Gesellschaft ohne kulturelle oder gar geistige Werte zu passen.

Auch der Wunsch nach familiärer Bindung nimmt stetig ab. Dabei ist die Familie die kleinste, aber wichtigste Zelle im großen Weltgetriebe, deren Zusammenhalt wie eine Art Mikrokosmos funktionieren muss, damit die Gesellschaft auch als Makrokosmos bestehen kann.

Durch den demographischen Wandel unserer Gesellschaft gehen die fetten Jahre des Wohlfahrtsstaates bald zu Ende und mit ihm der Anspruch, dass für die eigene Gesundheit unter den Bedingungen des kollektiv versicherten Risikos allen anderen Versicherten nichts zu teuer sein darf. Einige Politiker verbreiten die Ansicht, dass wir durch die Kollektivierung aller möglichen Gefahren des täglichen Lebens für ewige Zeiten von dem Zwang befreit worden sind, im Alter und im Krankenhaus an die finanziellen Folgen denken zu müssen. In jüngster Zeit werden sich jedoch zwangsläufig Veränderungen ergeben, die zu verringerten Leistungen auch im Gesundheitsbereich führen müssen.

Schon heute kann man eine starke personelle Unterbesetzung in deutschen Krankenhäusern beobachten, was zu großen psychischen und physischen Belastungen bei den Mitarbeitern führt, die über ihre Leistungsgrenze hinaus beansprucht werden.

Die gesetzlichen Krankenkassen stecken in einer Krise. Das zahlenmäßige Verhältnis zwischen den Leistungsträgern und den Leistungsnehmern ist gestört und befindet sich im Ungleichgewicht. Einerseits ergeben sich enorme, kostenintensive, jedoch fragwürdige Fortschritte bei der Entwicklung der Technologie für lebensverlängernde Maßnahmen, medizinische Geräte und pharmazeutische Medikamente.

Andererseits steigt die Zahl der Leistungsempfänger bei zunehmender Lebenserwartung stetig an, sodass der Staat langfristig auch in diesem Bereich zusätzliche Haushaltsmittel investieren muss, wenn er das System erhalten will.

Um die Finanzierbarkeit unseres Gesundheitssystems auf Dauer aufrechtzuerhalten, müssen somit zwangsläufig zusätzliche Einsparungen vorgenommen werden. Dies geschieht bereits durch reduzierte Vergütungssätze oder durch eine erhöhte Selbstbeteiligung der Patienten an den Krankheitskosten, wie beispielsweise beim Zahnersatz. So begründet die gesetzliche Krankenversicherung die Rücknahme von Leistungen mit der notwendigen Umstellung auf dem Weg zu einer leistungsorientierten Vergütung.

Ganze Industriezweige leben mittlerweile von einem Gesundheits- und Schönheitsideal, das in unserer Gesellschaft omnipräsent ist und den Menschen suggeriert, sie könnten Heil und Rettung in der Medizintechnik finden. Jedoch ist unser Gesundheitssystem in sich widersprüchlich, denn auf der einen Seite finanziert es beispielsweise lebenserhaltende Maßnahmen durch die Intensivmedizin und auf der anderen Seite die Abtreibung von Embryonen.

Es ist ein grundlegendes Problem, dass unser konventionelles Gesundheitssystem in Zusammenarbeit mit der Pharmaindustrie den Menschen als rein biologische Verrechnungskomponente und nicht als Einheit aus Körper und Geist betrachtet. Ein kranker Körper kann als Aufruf zu einer veränderten Lebenshaltung verstanden werden, weil die Psyche des Menschen in Unordnung geraten ist oder vielleicht auch eine genetische Disposition vorliegt. Aber Krankheit ist auch immer ein Hinweis für den behandelnden Arzt, dass Stressoren, die auf den Körper einwirken, gemieden oder durch medizinische Behandlung korrigiert werden müssen.

Die einfachste und effektivste Methode der Diagnosefindung bei organischen Beschwerden wäre das persönliche Gespräch zwischen Arzt und Patient. Aber das ist sehr zeitaufwändig und wird von den Versorgungsträgern nicht honoriert.

Der Einsatz von diagnostischen Geräten wie Röntgenapparat, PET, CT, MRT usw. kann von der Ärzteschaft nur wirtschaftlich betrieben werden, wenn ein hoher Auslastungsgrad vorhanden ist, zudem wird der Einsatz dieser Geräte von den Krankenkassen großzügig vergütet. Diese Geräte bewirken jedoch auch gleichzeitig eine hohe Strahlenbelastung. Allein in Berlin gibt es mehr Radiologen als in ganz Italien.

Kostentreibend ist auch die ständig fortschreitende Entwicklung von neuen Geräten, die dem Markt in immer kürzeren Abständen zugeführt werden. Hierdurch entstehen wieder neue Facharztbereiche, wie beispielsweise in der Nuklearmedizin, wo die Untersuchungsmethoden mit radioaktiven Substanzen komplizierte und kostspielige Apparate erfordern.

Doch trotz der vielfältigen Einsatzmöglichkeiten von technischen Geräten, kann ein guter Arzt immer noch als Glaubenssatzverwandler auftreten, indem er die Krankheitsvorstellungen seines Patienten durch Gesundheitsvorstellungen ersetzt. Liegt eine schwere Krankheit oder ein negatives Untersuchungsergebnis vor, sollte ein Arzt seine Aufgabe darin erkennen, die Ängste des Patienten in eine hoffnungsvolle Perspektive für die Zukunft umzuwandeln, um den Glauben an die Selbstheilungskräfte seines Körpers zu stärken.

Der Patient schreibt dem Arzt Kräfte des Wissens und der Weisheit zu, die er selbst nicht zu besitzen glaubt. Wider besseres Wissen hat der Patient den Wunsch, den »Herrn Doktor« in einer allmächtigen Rolle zu sehen und die Verantwortung für sich und seine Familie an der Tür zur Arztpraxis abzugeben.

Durch mannigfaltige, wissenschaftlich fragwürdige Vorsorgeuntersuchungen wird die Furcht vor möglichen Krankheiten geschürt und der unmündige Patient wird in eine Art Angststarre versetzt, bis er völlig demotiviert die Praxis seines Arztes wieder verlässt. So hat eine in Schweden großangelegte Studie keinesfalls die positive Wirkung von Vorsorgeuntersuchungen bestätigen können.

Die konventionelle Medizin betrachtet lediglich die materiellen Bestandteile des menschlichen Körpers. Demgegenüber gibt es wirksame Alternativen zu allopathischen Mitteln, beispielsweise homöopathische oder auch naturheilkundliche Verfahren, um unterdrückte physiologische Prozesse wieder zu mobilisieren, die zu einer Krankheit geführt haben. Denn es ist anzunehmen, dass sich schon im Vorfeld auf der feinstofflichen Ebene Veränderungen ergeben, bevor sich Krankheiten im grobstofflichen Körper manifestieren können.

Durch den Dynamisierungsprozess bei der Herstellung von homöopathischen Präparaten werden vermutlich die geistigen, ebenfalls feinstofflichen und nicht messbaren Kräfte des tierischen, pflanzlichen oder mineralischen Ursprungsstoffes freigelegt, die eine spezifische Wirkung auf den feinstofflichen Körper des Menschen ausüben und zu regenerierenden, heilenden Veränderungen führen, die sich bis auf die Ebene des grobstofflichen Körpers fortsetzen.

Die Schulmedizin setzt jedoch weiterhin auf den Einsatz von Chemikalien, beispielsweise um krebsartige Zellen auf der grobstofflichen Ebene ohne Rücksicht auf die Funktionsweise des Immunsystems zu töten, in der Hoffnung, dass sie nicht auf heimtückische Art und Weise wieder zurückkehren.

Wenn allerdings Krankenschwestern schon vom bloßen Verschütten chemotherapeutischer Chemikalien auf ihre Haut ernsthaft erkranken können, welche Auswirkungen müssen die Chemikalien dann erst bei den Patienten haben, denen sie injiziert werden?

Von den 100 Billionen Zellen, die ein erwachsener Mensch in seinem Körper trägt, birgt jede einzelne das Risiko, zu entarten und sich zur Krebszelle zu entwickeln. Der Mensch besitzt jedoch viele Proteine, die als Wächter auf Krebsjagd gehen und jede geschädigte Zelle vernichten, die das Potential aufweist, sich zur Krebszelle entwickeln zu können. Der Zellzyklus ist ein Mechanismus, der auf der molekularen Ebene die Zellteilung steuert. Während dieses Prozesses werden viele chemische Signale erzeugt, die miteinander interagieren, was im gezielten Zusammenspiel dazu führt, dass die Zellteilung systemgerecht unter Beteiligung der Gene im Körper abläuft. Werden diese Gene (Protoonkogene) durch chemische Signale zwischen den Zellen in irgendeiner Weise in ihrer Struktur beeinflusst, so können dadurch Proteine entstehen, die zur Entartung einer Zelle beitragen. Mutiert ein Protoonkogen daraufhin zu einem Onkogen, kann dies zu einer Krebserkrankung führen.

Angeblich empfehlen konventionell arbeitende Onkologen ihren Krebspatienten in 75 % aller Fälle, sich einer extrem toxischen Chemotherapie zu unterziehen. Neun von zehn Onkologen würden hingegen selbst eine Chemotherapie ablehnen, wenn Sie an Krebs erkrankten.

Bestimmte Hormone beeinflussen das Wachstum mancher Krebsformen. Deshalb kommt in der Krebsbehandlung nicht selten eine Hormontherapie zum Einsatz. Darüber hinaus kann die Einnahme der Antibabypille das Krebsrisiko erhöhen.

Oft bleibt unbeachtet, dass wir Inhaltsstoffe von Medikamenten, die wir einnehmen, auch auf natürlichem Wege wieder ausscheiden. Im Fall der Antibabypille gelangt das synthetische Hormon Estradiol ungehindert an allen Klärwerken vorbei in Flüsse und Seen. So kann es passieren, dass sich Männer bei der Aufnahme des Trinkwassers einer ungewollten Hormonbehandlung unterziehen und sich dadurch ungerechterweise zu impotenten Geschlechtspartnern entwickeln.

Sehr bedenklich sind auch Kunststoffe jeglicher Art, vom Babyschnuller über Kunststoffverpackungen bis hin zum Mineralwasser oder Bier in Plastikflaschen, die hormonverändernde Wirkungen beim Menschen auslösen. So konnte nachgewiesen werden, dass die Spermienqualität von 20-jährigen Männern heutzutage minderwertiger ist als die von 60-jährigen. Zunehmend ist die Zahl der Jugendlichen, die mit einem Hodenhochstand zur Welt kommen und anschließend an Hodenkrebs erkranken. Meist sind es synthetische Chemikalien aus Kunststoffprodukten, die toxische Reaktionen im empfindlichen Stoffwechsel von Babys, Kindern und Jugendlichen hervorrufen, deren Hormonhaushalt durch diese Stoffe extrem negativ beeinflusst wird. Nachweislich hat die starke hormonelle Belastung unserer Gewässer dazu geführt, dass männlichen Lachsen rudimentäre Eierstöcke gewachsen sind, mit der Folge, dass sie danach nicht mehr fortpflanzungsfähig waren.

Darüber hinaus gelangt eine breite Palette von Medikamentenresten, meist über die Toilette, in den Wasserkreislauf. Die ausgeschiedenen Stoffe kommen nach Wochen oder Monaten unter Umständen wieder in den biologischen Kreislauf zurück, in Form von etwa 16 Verbindungen im Trinkwasser und mehr als 100 Verbindungen im Abwasser. Das Grund- und Trinkwasser ist vor allem angereichert mit Blutfettsenkern (Clofibrinsäure), Schmerzmitteln, Antirheumatika (Ibuprofen, Diclofenac) und diversen Analgetika. So rauschen allein in Deutschland jährlich 100 Tonnen Schmerzmittel nach dem Umweg über den menschlichen Körper durch die Toilette. Aber entgegen unserer Vorstellungen sind nicht etwa Krankenhäuser die Hauptverursacher, sondern Privathaushalte, die etwa 80 % der Wirkstoffe in die Kanalisation befördern.

Aufgrund unseres häufigen Medikamentenkonsums entwickeln immer mehr Bakterien Resistenzen. Ein Beispiel hierfür ist das Antibiotikum Penicillin. Es vernichtet Bakterien und unterdrückt die Fähigkeit des Menschen, durch Mobilisierung der körpereigenen Abwehr eine bakterielle Entzündung auszuheilen. Zwischenzeitlich hat das Penicillin durch die häufige Verabreichung sehr stark an Wirksamkeit verloren.

Ein weiteres Beispiel für die fortschreitende Medikamentenresistenz ist die Entstehung eines Erregers namens MRSA (Methicillin-resistenter Staphylococcus aureus). Dabei handelt es sich um eine multiresistente Staphylokokkenart, die infolge des breiten Einsatzes von Antibiotika in der Tiermasthaltung seit den Sechzigerjahren des vergangenen Jahrhunderts zunehmend auftritt. In Kliniken und Pflegeeinrichtungen spielt der Erreger als Verursacher von nosokomialen Infektionen eine wichtige Rolle. In den Tiermastställen hat sich aus dem menschlichen MRSA ein Keim entwickelt, der Schweine und Hühner als Wirt nutzt und wieder auf den Menschen überspringen kann. Bis zu 80 % der Landwirte in Masttierregionen sind mit dem gefährlichen Keim infiziert. Dadurch ist eine unsichtbare Verbindung zwischen der Landwirtschaft und dem Gesundheitswesen entstanden.

Bei multiresistenten Bakterien kommen Reserveantibiotika zum Einsatz, wie beispielsweise Cephalosporine, Fluorchinolone, Carbapeneme, die starke Nebenwirkungen haben. Problematisch bleibt, dass nicht nur Humanmediziner diese Reserveantibiotika verabreichen, sondern auch Veterinärmediziner in der Tierzucht. Anscheinend sind die Landwirte entschlossen, den unseligen Kreislauf bis zum endgültigen Exodus von Mensch und Tier fortzusetzen, um nicht ihre wirtschaftliche Existenz zu verlieren.

Scheinbar unbemerkt hat sich auch der Vitamin- und Mineralstoffgehalt in unserer Nahrung dramatisch verändert, was zwangsweise zu körperlichen Mangelerscheinungen und Krankheiten führen muss.

Schon vor langer Zeit haben wir uns daran gewöhnt, dass uns unzählige Supermärkte und Discounter im Überfluss mit allen möglichen Nahrungsmitteln versorgen: Erdbeeren an den Weihnachtstagen, deutsche Frühkartoffeln schon im Juni, Weintrauben im Mai, Brokkoli während des ganzen Jahres. So könnte man glauben, dass wir kerngesund wären, weil wir ausreichend mit Vitaminen, Mineralien und Spurenelementen versorgt werden. Doch trotz unseres Übergewichtes leiden wir an Mangelernährung, weil unser Obst und Gemüse wesentlich weniger wichtige Vitamine und Mineralstoffe enthält als noch in früheren Jahren.

Dieser Umstand hat bei mehr als zwei Drittel der Bevölkerung ab dem 50. Lebensjahr zur Entstehung eines stark geschwächten Immunsystems und zu Mangelzuständen geführt, begleitet von ständiger Müdigkeit, Konzentrationsschwäche und Schlafstörungen. Der körperliche Regenerationsprozess findet nicht mehr statt, da es an einer endlosen Liste an Vitaminen, Spurenelementen und Mineralien mangelt. Besonders auffallend ist hierbei der Mangel an Magnesium, der im Körper beispielsweise zu Herzrhythmusstörungen, Muskel-, Magen- und Darmkrämpfen, Depressionen sowie verminderter Muskel- und Knochenqualität führt. Zudem kommt es zu Störungen im Immunsystem und beim Stoffwechsel. Der Körper kann die erforderliche Energie nicht mehr mobilisieren.

Selbst bei den 20- bis 35-Jährigen kann man, aufgrund eines steigenden Bedarfs durch erhöhte Stressfaktoren und Leistungsanforderungen im Beruf, eine eklatante Unterversorgung an Vitaminen und Mineralien beobachten.

Ausgelaugte und schadstoffbelastete Böden durch den Einsatz von Düngemitteln und Pestiziden in der Landwirtschaft haben zu einem drastischen Verlust an Mineralstoffen und Vitaminen in unserer Nahrung geführt. Das in der Banane enthaltene wichtige Spurenelement Kalium lag vor 30 Jahren noch bei 420 Milligramm pro 100 Gramm. Zehn Jahre später hatte sich der Gehalt schon auf 320 Milligramm reduziert. Das Gleiche gilt für den Kalziumgehalt in der Kartoffel, der zwischen 1985 bis 1995, innerhalb von zehn Jahren, von 14 Milligramm auf vier Milligramm gesunken ist. Blumenkohl hat heute nur halb so viel Vitamin C, B_1 und B_2 als noch vor 40 Jahren. Zehnmal so viel Obst und Gemüse müsste man heutzutage essen, um die gleiche Menge an Vitaminen und Mineralstoffen mit der Nahrung aufzunehmen wie noch vor 50 Jahren.

Statt Vitamine und Mineralstoffe finden wir alles Mögliche in unseren Nahrungsmitteln wieder, das der Gesundheit nicht zuträglich ist: Frostschutzmittel im Wein, Pestizide und Insektizide im Obst und Gemüse, Farbstoffe, Enzyme, Geschmacksverstärker, Emulgatoren und etliche andere künstliche Füll- und Zusatzstoffe.

Die Rente ist sicher

Bis zum Beginn des 19. Jahrhunderts gebar jede Frau im Schnitt sechs Kinder, von denen vier in den ersten Lebensjahren starben, während zwei überlebten – je ein Nachkomme für Mutter und Vater. Statistiker sprechen hier von »Erhaltungsfruchtbarkeit«.

Als die Kindersterblichkeit zu sinken begann, bekamen die Frauen irgendwann weniger Nachwuchs. Bis sich jedoch ein neues Gleichgewicht zwischen Geburten- und Sterberate entwickelt hatte, wuchs die Bevölkerung an.

Mit der Erfindung von Impfstoffen und Medikamenten übernahm der Mensch schließlich selbst die Kontrolle über den vormals von der Natur gesteuerten Fortpflanzungsprozess.

Im Zuge weitreichender Aufklärungskampagnen sank die Geburtenrate in Frankreich gegen Ende des 19. Jahrhunderts bis auf drei Kinder pro Frau. Andere Länder folgten diesem Beispiel, bis die Geburtenrate in vielen Teilen Europas und Nordamerikas unverändert auf dem Stand vor dem Zweiten Weltkrieg verharrte.

Überraschend wirkte sich der Pillenknick Anfang der Sechzigerjahre des vergangenen Jahrhunderts in Deutschland aus, der die Geburtenrate unter das Erhaltungsniveau sinken ließ. So kann man konstatieren, dass seit dieser Zeit die demographischen Probleme vorprogrammiert sind, mit deren Auswirkungen wir demnächst konfrontiert sein werden.

In den ersten 20 Jahren nach dem verlorenen Krieg gab es in Deutschland entgegen den Erwartungen einen regelrechten Babyboom, sodass über einige Jahrzehnte hinweg der Arbeitsmarkt ausreichend versorgt werden konnte, während die Zahl der Rentner verhältnismäßig klein blieb. Bei den damaligen Rentnern handelte es sich hauptsächlich um Angehörige der ehemaligen Wehrmacht, deren Zahl durch den vorausgegangenen Krieg ohnehin stark dezimiert war und deren Renteneintritt größtenteils in den Neunzigerjahren erfolgte, wo es viel Geld aus den Versichertenbeständen zu verteilen gab. Während dieser Zeit gab es nur wenige Frauen, die berufstätig waren und einen Rentenanspruch erwerben konnten, weil sie ihre Hauptaufgabe in der Aufzucht ihrer Kinder sahen.

Doch die Party wird längst vorbei sein, wenn die Männer der geburtenstarken Nachkriegsjahrgänge gemeinsam mit ihren Frauen in den Ruhestand gehen. Leider gab es in diesen Familien aus ökonomischen Gründen vielfach nur noch Platz für ein Kind oder gar keinen Nachwuchs. Die Babyboomer der Sechzigerjahre werden somit in ca. 15 Jahren ihre Rente von Kindern einfordern, die es nicht gibt. Im Jahr 2035 werden wir deshalb 7,5 Millionen mehr Rentner haben als heute, während die Zahl der Personen im erwerbsfähigen Alter um ca 8,5 Millionen kleiner sein wird. Deutschland wird bis 2040 die älteste Bevölkerung der Welt haben, weil die Jugendjahrgänge schwächer besetzt sind, andererseits aber auch, weil das leistungsfähigste Gesundheitssystem der Welt die Menschen immer länger leben lässt.

Bismarck hatte seinerzeit das Renteneintrittsalter auf 70 Jahre festgesetzt, bei einer mittleren Lebenserwartung von 40 Jahren. Hatte jemand dennoch das damalige Greisenalter von 70 Jahren erreicht, wurde ihm im Versicherungsfall ein Fünftel seines vorher erzielten Einkommens für die restlichen Jahre seines meist ohnehin schon armseligen Daseins gewährt. Vielleicht könnte eine Rückkehr zu den alten Gesetzmäßigkeiten wie vor 125 Jahren mit den heutigen Beitragssätzen das Rentensystem noch retten?

Durch den demographischen Wandel wird die Zahl der meist gut versorgten Rentenempfänger und ihr Stimmenanteil bei Wahlen immer größer, bis eines Tages die Stimmen der zukünftig zahlenmäßig weit unterlegenen jungen Familien, die zugleich Leistungsträger der Gesellschaft sind, kaum mehr ins Gewicht fallen. Wenn Ruheständler und rentennahe Jahrgänge die Mehrheit der Wähler bilden werden, wird die Rücknahme der Leistungsversprechungen kaum mehr durchsetzbar sein. Schon Adenauer sicherte sich seinerzeit durch rentenpolitische Wohltaten über viele Jahre eine politische Mehrheit, nicht zuletzt dank der Senioren.

Als gut ausgebildeter Mensch schützt man sich am besten vor der zu erwartenden Entwicklung in der »Republik der Greise« durch Auswanderung in einen wohlhabenden Staat mit einer ausgeglichenen Geburtenquote, der einem noch eine Lebensperspektive mit Familie garantieren kann.

Während früher moderate Rentenbeitragssätze erhoben wurden und die Einnahmen die Ausgaben deckten, muss heutzutage ein Drittel der Rentenzahlungen aus dem Bundeshaushalt finanziert werden, damit die Lohnnebenkosten für die Volkswirtschaft noch tragbar bleiben. Gleichzeitig wird das Rentenniveau bis auf die Grundsicherungsebene immer weiter abgesenkt, damit die Renten auch zukünftig noch bezahlbar bleiben.

Addiert man den Rentenversicherungsbeitrag, den anteiligen Steuerbetrag und den erforderlichen Aufwand für die private Vorsorge, so ergibt sich momentan eine Belastung von annähernd 40 % des Bruttoeinkommens für die Alterssicherung. Um der demographischen Entwicklung in Deutschland gerecht werden zu können, müsste die Pflegeversicherung einen Kapitalstock durch erhöhte Versicherungsbeiträge aufbauen, um die Lasten in der Zukunft tragen zu können, wenn der Beitragssatz nicht langfristig auf 5 % des Bruttoeinkommens ansteigen soll.

Unsere Sozialsysteme werden völlig überfordert sein, wenn die geburtenstarken Jahrgänge aus dem Berufsleben ausgeschieden sind und sich die Relation zwischen Erwerbstätigen und Rentnern bis zum Jahr 2035 auf 1 : 1 verringert hat.

Heutzutage beträgt der Rentenanspruch 70 % vom Einkommen, bei einem Beitragssatz von etwa 20 %. Um das Rentenniveau auch im Jahre 2050 noch halten zu können, müsste der Beitragssatz auf 46 % vom Bruttoeinkommen steigen. Wenn der Rentenbeitrag wie heute bei 20 % läge, würde dies ein Rentenniveau von 30 % des vorher erwirtschafteten Einkommens nach sich ziehen.

Eine Steigerung der Produktivität und des Pro-Kopf-Einkommens um das Doppelte bis 2050 würde nicht ausreichen, um die steigenden Lasten, die durch den demographischen Wandel entstehen, auszugleichen. Der Anteil am Sozialprodukt, der für die Versorgung der Älteren benötigt wird, steigt auch bei einer Verdopplung der Produktivität und bei hohen Einwanderungszahlen von bisher 24 % auf 40 %, sodass für die Erwerbstätigen und ihre Familien nicht mehr ausreichend Geld für ihren Lebensunterhalt zur Verfügung stehen wird.

Damit sich die Beitragssätze und das Rentenniveau auf dem heutigen Stand stabilisieren, wären bis 2035 ca. 32 Millionen Einwanderer erforderlich. Es ist allerdings schwer vorstellbar, dass die deutsche Gesellschaft die dafür notwendige Assimilationskraft und Toleranz aufbringen könnte. In Deutschland besitzen derzeit etwa 20 % der Immigranten einen Hochschulabschluss. Somit werden sich die Wettbewerbsbedingungen für gering qualifizierte Arbeiter mit deutscher Herkunft am Arbeitsmarkt verschärfen, während besser ausgebildete Menschen und Vermögensbesitzer von der Entwicklung profitieren.

In den Siebzigerjahren des vergangenen Jahrhunderts konnte ein Arbeiter ohne besondere Qualifikation mit seinem Lohneinkommen als Alleinverdiener eine Familie ernähren. Heutzutage müssen meist beide Elternteile berufstätig sein, um die Lebenshaltungskosten einer Familie zu decken. So bieten die zeitlichen und finanziellen Möglichkeiten der gemeinsam arbeitenden Paare nur noch Spielraum für durchschnittlich ein Kind, das im günstigsten Fall von den Großeltern versorgt wird oder in eine Kita- oder Ganztagsbetreuung »outgesourct« wird, wo Erzieherinnen mit der Verpflichtung konfrontiert werden, sechs Säuglinge oder mehr zu betreuen.

Dank unseres Wohlfahrtsstaates und eines Rentensystems, das sehr bald mit einem fast dreistelligen Milliardenbetrag aus dem Haushalt subventioniert wird, weil der fehlende Nachwuchs die ökonomischen Spielregeln des Umlageverfahrens auf den Kopf stellt, können heutzutage viele ein sorgenfreies Leben im Alter führen, auch wenn sie keine Kinder haben.

Im Hinblick auf die Geburtenrate ist unsere Gesellschaft in zwei Teilgruppen gespalten: Der eine Teil hat eine ideale Geburtenrate von zwei Kindern und der andere hat eine Geburtenrate von null. Bei naturwissenschaftlichen Akademikerinnen liegt der Anteil kinderloser Frauen sogar bei 50 %.

Jedem ist natürlich freigestellt, sich für oder gegen Kinder zu entscheiden. Niemand darf den Betroffenen hier Unverantwortlichkeit vorwerfen. Schuld laden nur die Menschen auf sich, die für ihre Kinderlosigkeit auch noch belohnt werden möchten, denn jeder Mensch muss für die Inanspruchnahme von Waren und Dienstleistungen einen Preis bezahlen.

Nur allzu gerne behaupten die lebenslang Kinderlosen, dass die Sozialsysteme mehr von ihnen verlangen, als sie selbst erhalten werden. Wenn Kinderlose jedoch glauben, dass sie einen Rückzahlungsanspruch auf das während ihres Berufslebens eingezahlte Geld in die gesetzliche Rentenversicherung einschließlich kumulierter Zinsen besäßen, dann vergessen sie immer wieder, dass sie mit ihren Rentenbeiträgen lediglich die Schulden gegenüber ihren Eltern beglichen haben. Sachlich falsch ist auch das Argument von Kinderlosen, dass sie mit ihren hohen Steuern zur Finanzierung des Ausbildungssystems beigetragen hätten, weil sie letztendlich nur die Kosten für ihre eigene Ausbildung zurückzahlen.

Es mangelt in unserer Gesellschaft an dem Bewusstsein, dass jede in Anspruch genommene Dienstleistung oder Warenlieferung bis zum

Eintritt des Todes bezahlt werden muss. Wer keine Kinder großgezogen hat, bekommt von der aktiven Generation, das heißt von den Kindern anderer Leute, seine Rente und gegebenenfalls seine Pflege im Alter bezahlt. Selbstverständlich bleiben ihm seine Ersparnisse erhalten, die er als Kinderloser akkumulieren konnte, weil er nicht in die nächste Generation investieren musste. Wer dagegen Kinder großgezogen hat und keine Ersparnisse besitzt, muss mitansehen, wie seine Kinder in ungerechter Art und Weise bis an die Grenzen ihrer Belastbarkeit besteuert werden, um die Kinderlosen mitzufinanzieren, und somit die eigenen Eltern in den zu erwartenden schweren Zeiten nicht mehr finanziell unterstützen können. Letztendlich führt das zu der Erkenntnis, dass man sich im Sozialstaat besser von Kindern ernähren lassen kann, ohne für Kinder gesorgt zu haben.

So sollte man den Kinderlosen zumuten, während ihrer Erwerbstätigkeit zusätzlich zu den Sozialbeiträgen für ihre Eltern weitere 20 % ihres Einkommens für ihr eigenes Alter anzusparen, um nicht den Kindern anderer später zur Last zu fallen. Wenn die Zahl der Kinderlosen in den nächsten 15 Jahren auf 30 % ansteigt, werden künftige Rentenansprüche ohnehin nicht mehr zu finanzieren sein. Die zukünftige Absenkung der Renten für Kinderlose wird somit durch die Fakten erzwungen.

Nach einer Studie des Infoinstituts liegt der fiskalische Vorteil, den ein Kind im Laufe seines Lebens allein schon für die Rentenversicherung erwirtschaftet, bei etwa 150.000 Euro.

Ein heute 13-Jähriger wird voraussichtlich 77.000 Euro mehr in die Rentenkasse einzahlen, als er später herausbekommen wird. Zugleich werden seine Eltern von der Rentenkasse nur in geringem Umfang für ihre Erziehungsleistungen entschädigt und auf der Beitragsseite nicht entlastet. Dies ist eine Benachteiligung für die Betroffenen, sofern sie die vollständige Rentenleistung an Kinderlose durch ihre Familiengründung erst möglich gemacht haben. Nach dieser Berechnung verliert ein heute 13-Jähriger im Laufe seines Lebens 50.000 Euro an kinderlose Rentner.

Eltern verzichten heutzutage für ihre Kinder auf 40 % ihres Einkommens, das sie für sich hätten verbrauchen können, wenn sie kinderlos geblieben wären. Kinder kosten viel Geld, das zu 75 % von den Eltern finanziert werden muss. Der finanzielle Aufwand kann sich bei einer anspruchsvollen Ausbildung bis auf 300.000 Euro pro Kind summieren, wird aber nur zum geringsten Teil durch öffentliche Kassen ausgeglichen. Außerdem leistet sich der Staat den Widerspruch, Eltern zu Unterhaltsleistungen zu verpflichten, denen er die steuerliche Anerkennung vollständig oder größtenteils versagt. Das Arbeitszimmer kann man von der Steuer absetzen, das Kinderzimmer aber nicht. Wäre die Bundesregierung bereit, die Kindererziehung als beitragsadäquat anzusehen, wäre ein nach Kinderzahl degressiv gestaffelter Rentenbeitrag eine ehrliche Lösung.

Mütter, die bereit sind, in Teilzeitarbeit zu gehen, werden zusätzlich dadurch benachteiligt, dass sie ebenfalls ungünstig besteuert und keinen Rentenanspruch auf die geleistete Erziehungszeit erwarten können.

Eine weitere Ungerechtigkeit kann man darin erkennen, dass alleinerziehende Ganztagsbeschäftigte auch noch Geld für die Betreuungsunterkunft ihrer Kinder in dem Zeitraum ihrer beruflichen Arbeitszeit bezahlen müssen.

Weil in 30 Jahren jeder Euro Sozialleistung ausschließlich von den heutigen Kindern erwirtschaftet wird, hat das Bundesverfassungsgericht die Erziehung von Kindern als generativen Beitrag zu den durch Umlage finanzierten Sozialsystemen bezeichnet, der den Geldleistungen gleichzustellen ist. Obwohl es ohne Kinder in 30 Jahren überhaupt keine Sozialsysteme mehr geben würde, behandeln wir unsere jungen Familien mit einer unglaublichen Rücksichtslosigkeit. Viele haben sich an die Ungerechtigkeiten unserer Steuer- und Sozialgesetze so gewöhnt, dass sie ihnen gar nicht mehr auffallen. Es ist geradezu erstaunlich, dass sich unter diesen Bedingungen überhaupt noch junge Menschen für Kinder entscheiden. Würden wir unsere Familien gerecht behandeln, würde auch unsere Geburtenrate steigen und vielleicht sogar dem Niveau Frankreichs nahe kommen.

Im Unterschied zu Frankreich zahlen in Deutschland die Familien die höchsten Steuern, wenn man die Steuer auf das Pro-Kopf-Einkommen bezieht. Der Steuertarif pro Kopf ist dabei umso höher, je mehr Kinder in einer Familie leben. Zur Schaffung eines gerechten Steuersystems, das die Familien nicht benachteiligt, käme nur ein sogenanntes Familiensteuersplitting in Betracht, das sich nicht an der rein wirtschaftlichen Leistungsfähigkeit orientiert. Hierbei wird das Gesamteinkommen einer Familie auf alle Köpfe verteilt und jeder versteuert dann seinen Anteil wie ein kinderloser Single mit dem gleichen Pro-Kopf-Einkommen.

Kluge Kinderlose sollten sich aus eigenem Interesse aktiv für ein gerechtes Steuer- und Sozialsystem einsetzen, damit diejenigen, die sich

Kinder wünschen, ihren Kinderwunsch verwirklichen können. Nur wenn unser Land insgesamt zu einer Geburtenrate zurückkehrt, die nahe am Ersetzungsniveau der Elterngeneration liegt, wird für vorsorgende Kinderlose eine Altersphase in Würde möglich sein.

Es gibt für unsere Kinder keinerlei moralische Verpflichtung, in 20 Jahren den zahlreichen kinderlosen Alten eine Rente zu erwirtschaften und ihre hohen Krankheits- und Pflegekosten zu tragen, weil die kinderlosen Rentner während ihrer Erwerbsphase aufgrund der ersparten Kinderkosten überdurchschnittlich wohlhabend waren und für die Selbstversorgung im Alter einen Kapitalstock hätten aufbauen können.

Solange die Politik Leistungsgerechtigkeit ignoriert und darauf besteht, Kinderlosigkeit weiterhin massiv zu belohnen, wird die Geburtenrate weiter sinken. Die Wirtschaft wird noch häufiger und tiefer in Rezession geraten und der Wohlstand wird weiter schrumpfen. Spätestens in 20 Jahren wird den zahlreichen kinderlosen Alten in einem deutlich ärmeren Deutschland dieselbe soziale Kälte entgegenschlagen, die man heute den in mehrfacher Hinsicht belasteten Familien entgegenbringt.

Das Bundesverfassungsgericht hat mehrmals einschlägig in diesem Zusammenhang geurteilt, aber die Politik scheint nicht bereit zu sein, diesen Urteilen inhaltlich zu folgen. Die verfassungsrechtlichen und die politischen Konflikte werden deshalb in den nächsten Jahren wegen der zwangsläufig dramatisch ansteigenden Finanzierungsprobleme schnell eskalieren.

Ungerechte Verträge lassen sich auf Dauer nicht aufrechterhalten. Das Muster für eine solche Abmachung, für einen sittenwidrigen Vertrag, der alle Vorteile auf der einen und die Nachteile auf der anderen Seite konzentriert, ist der Generationenvertrag, das Herzstück des deutschen Wohlfahrtsstaates. Es ist Willkür, bei der Alterssicherung, die nicht nur auf einer, sondern auf zwei Säulen steht, nur eine Leistung anzurechnen, die andere aber nicht.

Doch demokratisch gewählte Politiker besitzen nun einmal die notorische Unfähigkeit, über den Zeitraum einer vier oder fünf Jahre begrenzten Legislaturperiode hinauszusehen. So weiß die Kanzlerin aus vielen Untersuchungen, dass ihre Partei, die CDU, nur bei den über 60-Jährigen auf eine verlässliche Mehrheit rechnen kann.

Wer die Gewinner oder Verlierer dieses Systems sind, offenbart sich an dem Beispiel eines dem Verfasser bekannten Maurers, der nach 45-jähriger Tätigkeit seinen Beruf mit 58 Jahren aus gesundheitlichen

Gründen aufgeben und erfahren musste, dass er von dem gesellschaftlichen Reichtum, den seine 13 Kinder erwirtschaftet haben, nur ein Anrecht von 800 Euro Erwerbsunfähigkeitsrente im Monat zu erwarten hat, im Gegensatz zu der kinderlosen Studienrätin, die sich nach ihrer Pensionierung auf 3.000 Euro im Monat freuen darf.

Das Wichtigste in unserer Gesellschaft ist das Humankapital, denn nur junge, leistungswillige und leistungsfähige Menschen können Wachstum und Gewinne erwirtschaften, die nötig sind, um Deutschland in eine Zukunft zu führen. Doch diese neugierigen, einfallsreichen und unternehmungslustigen jungen Leute werden sich schon bald als die knappste aller Ressourcen herausstellen. Weil Nichtgeborene selbst bei der besten Familienpolitik keine Kinder haben können, werden auch in diesem Jahrhundert sinkende Geburtenzahlen ziemlich sicher sein.

Diesem Trend möchte die Politik mit dem Ausbau von Betreuungseinrichtungen und Kitas entgegenwirken, um eine bessere Vereinbarkeit von Arbeit und Familie zu gewährleisten, obwohl doch viele Mütter der altmodischen Ansicht sind, dass niemand für ihre Kinder besser sorgen kann als sie selbst. Zahlreiche Verbände fordern jedoch eine Befreiung der Frau aus den Kinderzimmern, bevor sie sich als kostbares Humankapital zwischen Brei und Windeln selbst verschwendet.

Frauen, die ihr Dasein ihren Kindern widmen, unterliegen ungerechterweise dem völlig irrationalen Meinungsdruck, dass sie sich nur »niederen« Aufgaben zuwenden und sich geistreichen beruflichen Aufgaben verweigern würden. In Anbetracht der oben beschriebenen Probleme wäre es allerdings sinnvoll und gerecht, denjenigen Müttern, die sich ganz der Erziehung ihrer Kinder widmen möchten, eine angemessene Entlohnung in Form einer Rente auszuzahlen, die sich nach der Anzahl ihrer Kinder bemisst.

Europa und der Euro

Die Europäische Union

Bevor Bismarck vor 200 Jahren geboren wurde, hatte Napoleon zur Durchsetzung seines territorialen Größenwahns ganz Europa mit Krieg und Schrecken überzogen. Wie viele andere Tyrannen der Weltgeschichte wird er wahrscheinlich für seine Missetaten nach den Gesetzen des Jüngsten Gerichtes berechtigterweise in der Hölle schmoren müssen.

Napoleon war unbewusst der Wegbereiter zu einem vereinten Deutschland. Ohne Einladung fiel er in seiner Zeit über die kleinen, wehrlosen deutschen Anrainerstaaten her, die er zwangsweise zu größeren staatlichen Einheiten zusammenfasste und sie gegen ihren Willen zu militärischen Bündnispartnern im Rheinbund erklärte.

Zum Zweck einer französischen Vorherrschaft versuchte er mit den unfreiwillig gewonnenen Verbündeten den Rest Deutschlands und Europas zu erobern, genau wie der einstige preußische Ministerpräsident Bismarck, der vor 150 Jahren ein »Deutsches Reich« mit »Blut und Eisen« errichten ließ. Dieses Vorhaben stand schwerpunktmäßig hinter der Schaffung eines gemeinsamen Wirtschaftsraumes mit einer gemeinsamen Außengrenze und einer einheitlichen Währung innerhalb eines gemeinsamen Sprachraumes, mit Ausnahme des Kaiserreiches Österreich-Ungarn.

Doch welche Motivation steht hinter dem heutigen Versuch, eine wirtschaftliche und politische Union auf europäischer Ebene zu schaffen? An der Europäischen Union sind Staaten mit unterschiedlicher wirtschaftlicher Entwicklung, Volksmentalität, Lebensgewohnheit und Sprache beteiligt, während sich die gemeinsame Währung als das größte Problem herauskristallisierte.

Mittlerweile schleicht sich zudem der Virus eines altbekannten Großmachtdenkens aus längst vergangenen Zeiten in die Köpfe europäischer Politiker ein, wie beispielsweise bei dem EU-Kommissionspräsidenten Barroso, der in seinen Visionen eine Supermacht Europa zu erkennen glaubt, die gleichberechtigt neben den Vereinigten Staaten, Russland und China entsteht.

Hätte Bayern 1871 seine Unabhängigkeit wie die Eidgenossen in der Schweiz bewahren können, wären sie heute frei von allen Sünden einer gemeinsamen deutschen Geschichte und die Nachfolger von König Ludwig würden möglicherweise noch immer in München residieren. Man kann aber nicht erzwingen, was nicht sein kann. Dies gilt auch für eine nur imaginär existierende europäische Nationalität, die die eigene ethnische Herkunft mit ihrer Mentalität und Eigenart zu ignorieren versucht und sie einer gedanklichen Fiktion unterordnet, die niemand als erstrebenswert empfindet. Schon durch die geographische Situation ähnelt der Südeuropäer nicht annähernd den Nordeuropäern in Sprache, Kultur und Lebensgefühl.

Auch die Phase einer langen Friedenszeit in Europa haben wir nicht der Existenz einer NATO oder der EU zu verdanken, sondern weil die ganze Welt seit 70 Jahren unter dem Damoklesschwert eines nuklearen Krieges steht.

Die Idee der »Vereinigten Staaten von Europa« muss in manchen führenden Köpfen der politischen Elite aus dem inspirativen Gedanken an die »Vereinigten Staaten von Amerika« entstanden sein. Der »Vertrag von Lissabon« sollte als Meilenstein auf diesem Weg dienen. Politisch, wirtschaftlich und finanziell sollte er die Länder zwangsweise zu einer Schicksalsgemeinschaft zusammenschweißen.

Aber wer ist wirklich interessiert an einem vereinten Europa, wo gleichartige Waren zwischen den Ländern ausgetauscht werden, deren Transport schwere ökologische Schäden anrichten, während die Menschen durch schonungslosen Wettbewerb in eine Existenzkrise getrieben werden?

Wie die familiäre bleibt auch die nationale Identität ein Bestandteil des menschlichen Lebens, die in einem supranational organisierten Staat bedeutungslos wird.

Was spricht beispielsweise dagegen, unerwünschten Personen- und Güterverkehr durch ein Netzwerk von Grenzkontrollen vom eigenen Land fernzuhalten? Denn trotz aller Umfragen ist niemand so richtig begeistert von der verordneten Gleichheit, die der Bevölkerung ohnehin nicht von den Europafanatikern vermittelt werden kann.

Als die Franzosen und Niederländer sich in einer Volksabstimmung mehrheitlich gegen diesen diktierten Beschluss wandten, wurde in beiden Staaten das Vertragswerk nur marginal verändert und trotz des eindeutigen Vetos auf undemokratische Art in Kraft gesetzt. Nur die Norweger waren da weitsichtiger, als sie dreimal im Rahmen einer Volksabstimmung einen Beitritt zur EU mit großer Mehrheit ablehnten. Niemand scheint sich so richtig begeistern zu können für diese verordnete Gleichheit durch europäische Bürokraten, die nicht erkennen können, dass man nur Strukturen aneinander angleichen kann, die gleiche Bedingungen aufweisen.

Immer wieder erwarten unsere demokratisch gewählten politischen Repräsentanten von den Bürgern ein bedingungsloses Bekenntnis zur Europäischen Union. Am auffälligsten erscheint dieser Gesinnungsterror beim Euro, während scheinbar alle von einem lähmenden Fatalismus ergriffen worden sind und die Thematik inzwischen pseudoreligiösen Charakter angenommen hat. Doch leider zeichnen sich die zahlreichen Euro-Befürworter in den politischen Reihen bei näherer Betrachtung durch mangelnde Kenntnis der Zahlen und Fakten aus. Obwohl Frau Merkel weiß, dass man in unserer pluralistischen Welt jedes Thema kontrovers sehen kann, bezeichnet sie die Rettungsaktionen des Euro als »alternativlos«, was einem Denkverbot gleichkommt und unsere menschliche Vernunft beleidigt. Wie Frau Merkel betreiben die meisten Politiker ihre Diskussionen auf der Basis von irrationalen Bekenntnissen für Europa, und die gesamte Euro-Rettungspolitik bleibt ein Versuch, Deutschland entgegen dem Schengener und Maastrichter Vertragswerk unter dem Stichwort der Solidarität zum Zahlmeister Europas zu machen.

Strukturfördermaßnahmen der EU führen in der Regel zu Produktionsverlagerungen von benachteiligten deutschen Firmen in andere Länder der Gemeinschaft. Zusätzlich verpflichtet die europäische Gesetzgebung den deutschen Fiskus auch noch dazu, diese Investitionen in den anderen Mitgliedsstaaten steuerlich anzuerkennen.

Immer wieder wird vergessen, dass eine Währungsunion auf einem gegenseitigen Vertrauensverhältnis basiert, das nur mit verlässlichen Partnern funktionieren kann, die bereit sind, gemeinsam geschlossene Verträge und Wertvorstellungen zu respektieren und sie nicht nach jedem Regierungswechsel für inakzeptabel und wertlos zu betrachten. Der Euro nimmt uns leider die Möglichkeit, regulierend in den Schuldenhaushalt der anderen Euro-Länder eingreifen zu können, was andererseits ein Höchstmaß an Vertrauen in bilaterale Verträge erfordert.

Wenn die nationalen Währungen nicht abgeschafft worden wären, dann hätten die Anpassungsprozesse zwischen den Ländern nicht durch

Polizeigewalt erzwungen werden müssen. Vielmehr hätte jeglicher Konflikt automatisch durch flexible Wechselkurse verhindert werden können. Der ruhelose »Homo ludens« lässt sich indes nicht beirren und betreibt weiterhin weltweit Handel mit Devisenterminkontrakten. Hierbei werden riesige Umsätze erzielt, wovon nur ein Bruchteil wirklich umgesetzt wird. Auch wenn die Europäische Zentralbank immer wieder versucht, durch den grenzenlosen Aufkauf von maroden Staatsanleihen den Markt zu beruhigen, sind alle Notenbanken weltweit gegen diese Art der Spekulation meist machtlos. Leider werden wir bei den ununterbrochenen Interventionen der Europäischen Zentralbank und den dauerhaften Hilfsleistungen an zahlungsunfähige EU-Staaten nach den Gesetzen des Marktes immer ärmer, bis auch wir irgendwann einmal bankrott sein werden.

Alles hat ein Ende, nur der Euro nicht

Mit dem Ziel, einen festen Wechselkursverbund zu schaffen, wurde 1973 die westeuropäische Währungsschlange erfunden. Die nationalen Notenbanken wurden zum Zweck der Währungsstabilität dazu verpflichtet, innerhalb einer festen Bandbreite Devisen zu kaufen oder zu verkaufen. Doch nach 20 Jahren waren die beteiligten Staaten, trotz massiver Zinserhöhungen, nicht mehr stark genug, um die Aufwertung der D-Mark zu verhindern. Man hatte erkannt, dass eine starke Währung auch immer ein Abbild der Leistungsfähigkeit einer Volkswirtschaft verkörpert. Doch die Gründungsväter der Europäischen Währungsunion konnten oder wollten das nicht erkennen und führten den Euro ein. Und das nur, weil die Geldpolitik der Deutschen Bundesbank den wirtschaftlichen Partnern in Europa missfiel und man glaubte, im Rahmen und unter dem Diktat einer gemeinsamen Währung die deutsche Dominanz brechen zu können.

In diesem Sinne hat der damalige französische Präsident Mitterrand auf die Einführung des Euro als Grundvoraussetzung für eine Zustimmung Frankreichs zur deutschen Wiedervereinigung bestanden. Jedoch hätten sich weder Mitterrand noch die damalige britische Premierministerin Thatcher nach der Grenzöffnung zwischen den beiden deutschen Staaten der Dynamik des unaufhaltsamen Wiedervereinigungsprozesses durch irgendwelche politischen Vorgaben im Falle der Nichteinführung des Euro widersetzen können.

Begründet durch seine Realitätsferne hat der damalige Bundeskanzler Helmut Kohl in seinen Verhandlungen daran geglaubt, dass sich durch die mutige Entscheidung für eine gemeinsame Währung die hohe qualitative und quantitative Produktionsfähigkeit Deutschlands auch in den südlichen Ländern der Europäischen Union erzielen ließe.

Nach der Einführung der gemeinsamen Währung besaßen die vormaligen Mittelmeerländer endlich ein von allen Kapitalmarktteilnehmern akzeptiertes Geld. Erstmals in ihrer Geschichte erschloss sich für die mediterranen Länder die Möglichkeit, sich zu sensationell günstigen Konditionen mit Krediten am Markt zu versorgen.

Aber die neuen Kredite wurden nicht, wie im Vertragswerk von Maastricht geplant, von den Staaten zur beschleunigten Schuldentilgung der Altlasten und Investitionen in die marode Infrastruktur genutzt, sondern für zusätzliche soziale Leistungen verausgabt.

Dieser Effekt führte zu verbesserten Einkommensverhältnissen, was wiederum das Konsumverhalten der Bürger in diesen Staaten stimulierte und aus volkswirtschaftlicher Sicht als Erfolgsstory des Euro gefeiert wurde.

Die »Grundlagen für das wirtschaftliche Wachstum« waren somit im Rahmen eines begrenzten Zeitfensters geschaffen worden, bis der neu entstandene Kreditspielraum der jeweiligen Länder nach etwa zehn Jahren völlig verausgabt war.

An diesem Punkt endete die Bereitschaft der verunsicherten Anleger für die Gewährung günstiger Kredite, was zu höheren Zinsen führte und die wirtschaftliche Situation der Südstaaten grundlegend verschlechterte.

Ein prozessmäßig sich selbst tragender wirtschaftlicher Aufschwung mit nachhaltigen positiven Begleiterscheinungen in der Exportwirtschaft hat sich demnach aufgrund der mangelnden Wettbewerbsfähigkeit für diese Länder nicht ergeben.

Doch vorher hat die vorausgegangene erfolgreiche wirtschaftliche Entwicklung deutsche Anleger dazu ermuntert, ihr Geld wegen der Währungssicherheit in die südlich von Europa gelegenen vermeintlichen Wachstumsregionen zu investieren, was den konjunkturellen Aufstieg zusätzlich begünstigte.

Wenn der Boom der vorausgegangenen Jahre den Südländern jedoch keine sich selbst tragende, langfristig orientierte und nachhaltige ökonomische Stabilität bescheren konnte, wieso konnte dann plötzlich der Glaube entstehen, durch zusätzliche Kredite und Einschnitte im sozialen Haushalt einen lang anhaltenden wirtschaftlichen Aufstieg initiieren zu können?

In den ersten Jahren nach der Einführung des Euro profitierten die Mittelmeerländer von einem deutlich tieferen Zinsniveau, welches sie der von der Bundesbank auf die Europäische Zentralbank übertragenen Glaubwürdigkeit verdankten. Das bisher unbekannte niedrige Zinsniveau führte zu einem einmaligen, schuldenfinanzierten Boom in den Krisenländern. Hierbei darf auch nicht vergessen werden, dass die gewaltigen, parallel zur Euro-Einführung verlaufenden Kosten für die deutsche Wiedervereinigung ausschließlich in eigener Verantwortung von den Deutschen getragen wurde. Einen Solidaritätsbeitrag der anderen Länder innerhalb der EU an den außerplanmäßigen Kosten durfte Deutschland nicht erwarten, sondern setzte trotz der riesigen Belastungen seine Nettoeinzahlungen nach Brüssel fort. Wenn Deutschland von seinen Partnern im Euro-Raum gegenwärtig eine Politik des Sparens fordert, wird nur allzu gern von den betroffenen Ländern auf die Zeiten kurz nach der deutschen Wiedervereinigung hingewiesen, wo Deutschland noch als »der kranke Mann Europas« galt und als erster Staat die Mastrichtkriterien von 3 % Neuverschuldung, gemessen am Bruttosozialprodukt, nicht einhalten konnte. Während dieser Zeit galt Spanien als ein Musterbeispiel für eine gute wirtschaftliche Entwicklung, dessen Erfolg sich jedoch dann später als eine gigantische, schuldenfinanzierte Immobilienblase offenbarte.

Um die wirtschaftliche Entwicklung während dieser Zeit zu beschleunigen, setzte Deutschland zur Wiedergewinnung der internationalen Wettbewerbsfähigkeit auf Kostensenkung und Produktivitätsverbesserung. Unter diesem Aspekt sah sich die deutsche Regierung gezwungen, Ausgaben zu kürzen und Arbeitsmarktreformen unter dem bekannten Namen Hartz IV durchzuführen, was der deutschen Arbeitnehmerschaft ein stagnierendes, meist jedoch rückläufiges Lohnniveau für die nächsten zehn Jahre bescherte.

Durch die Dynamik des Welthandels konnte sich die deutsche Wirtschaft besser behaupten als die anderen, stetig schwächer werdenden europäischen Volkswirtschaften, was zwangsweise zu einer Verschiebung der deutschen Exportquote außerhalb der EU geführt hat.

Die wirklichen Gewinner dieser Reform sind somit die deutschen Unternehmen, die von der Lohnzurückhaltung und einem von Deutschland schuldenfinanzierten Boom hohe Exportüberschüsse in den Euro-Ländern erzielen konnten. Die Finanzierung von deutschen Exportgütern übernahm die Deutsche Bundesbank, ersatzweise für die fehlenden privaten Investoren, über das Target-System. Das durch den Handelsüberschuss in Deutschland erwirtschaftete Geld führte zu einem enormen Kapitalexport ins Ausland. Teilweise als Direktinvestitionen, überwiegend jedoch als Kredit zur Finanzierung des Schuldenbooms in anderen Ländern. So ist es nicht verwunderlich, dass deutsche Banken dadurch auch viel Geld auf dem US-Immobilienmarkt verloren haben. Schon vor Jahren bezifferte das Deutsche Institut für Wirtschaft die Verluste durch deutsche Auslandsinvestitionen auf mindestens 400 Milliarden Euro.

Italien ist wie Griechenland ebenfalls nicht wettbewerbsfähig und produziert seine Waren weitaus teurer als die Deutschen. Aus Gründen der Sicherheit verkaufen die vermögenden Italiener deshalb ihre drittklassigen Staatspapiere für frisch gedrucktes Geld an die Banca d'Italia und investieren es an sicheren Standorten wie in Deutschland oder der Schweiz in den Kauf von Immobilien oder Beteiligungen am Kapitalmarkt.

Ganz vergessen worden ist mittlerweile der Rettungsfonds, der die Kredite zahlungsunfähiger Euro-Staaten mit einer Billion versichert. Aus »marktpsychologischen Gründen« hat sich auch Deutschland vertragsrechtlich von den anfänglich bereitgestellten 250 Milliarden Euro zu einer unbegrenzten Aufstockung des ominösen Fonds verpflichtet. Verantwortlich für diese abenteuerliche Bereitstellung finanzieller Mittel war die Zustimmung der gewählten Volksvertreter im Bundestag, die in ihrer Mehrheit meist keinerlei währungspolitische Kenntnisse besaßen oder in der namentlichen Abstimmung unter Fraktionszwang standen. Wie wohl die Entscheidung ausgefallen wäre, wenn die Abgeordneten an der Stelle des Steuerzahlers vorrangig mit ihrem Privatvermögen hätten haften müssen? Hochachtung für Herrn Bosbach, der neben Gauweiler als einziger Abgeordneter den Mut besaß, Kritik am Euro und seinen destruktiven Auswirkungen auf unsere Volkswirtschaft und ihre Bürger zu äußern, zugleich aber bekannte, er wolle »nicht mehr die Kuh sein, die quer im Stall steht«. Denn wer macht sich schon Gedanken über unsere Altenrepublik und den unglückseligen, zahlenmäßig stark unterlegenen Kindern, die diese Lasten in der Zukunft tragen sollen?

Doch mittlerweile scheint niemand mehr den Rettungsfonds zu benötigen, weil Herr Draghi zur Freude der Kapitalanleger den völlig verunsicherten Finanzmarkt mit der mutigen, geradezu heroischen Aussage beruhigt hat, den Euro um jeden Preis retten zu wollen – natürlich, wie immer, durch den Aufkauf von maroden Staats- und Unternehmensanleihen, um den Markt nach seinen Aussagen zu stabilisieren und die seiner Meinung nach zu geringfügige Inflation voranzutreiben. Hier eine Billion, dort 100 Milliarden, da noch mal zehn Milliarden ... Oder den Leitzins senken, um die Ausgabe von Staatsanleihen für die schwächeren Länder zu verbilligen und jedem sparsamen Bürger, den vielen Stiftungen und Fonds in allen möglichen Anlagebereichen die Chance auf eine gewinnbringende Rendite zu vermiesen, was einer schleichenden Enteignung entspricht und den Abschied von der kapitalgedeckten Altersvorsorge mangels Rendite bedeutet. Gleichzeitig steigen durch den von Mario Draghi implizierten Anlagenotstand die Immobilien- und Aktienpreise ins Astronomische.

Das Geld, das Draghi in das Wirtschaftssystem pumpt, entlastet die Banken und die Unternehmen. Nur der Durchschnittsbürger verfügt durch diese Maßnahme nicht über mehr Geld, das er veräußern könnte. Somit können Preiserhöhungen am Markt gegenüber dem Verbraucher nicht durchgesetzt werden.

Zu Zeiten der D-Mark stand die deutsche Wirtschaft unter konstantem Aufwertungsdruck. Die Währungen der Haupthandelspartner, der französische Franc, die italienische Lira oder auch der US-Dollar, wurden in den vorausgegangenen Jahrzehnten in konstanter Regelmäßigkeit gegenüber der D-Mark abgewertet. In der Folge war die deutsche Wirtschaft zu anhaltenden Produktivitätszuwächsen gezwungen. So wuchs die Produktivität durch die Innovationskraft der deutschen Wirtschaft in den Jahren vor der Euro-Einführung deutlich schneller als in der Zeit danach.

Der wachsende Wohlstand verlief in Deutschland, gemessen am Pro-Kopf-Einkommen, vor 2000 parallel zu dem in der Schweiz, hat sich aber nach der Euro-Einführung auf ein weitaus tieferes Niveau zurückgebildet, was auch an der Veränderung des Wechselkurses des Schweizerischen Franken zum Euro bis auf den heutigen Tag beobachtet werden kann.

Zusammenfassend kann man behaupten, dass Deutschland angesichts von mindestens drei Billionen fauler Schulden in Europa als Hauptgläubiger verpflichtet sein wird, einen großen Teil der entstandenen Verluste tragen zu müssen. Offen bleibt allerdings die Frage, ob die Verluste durch eine höhere Neuverschuldung im Bundeshaushalt, eine geordnete Schuldenrestrukturierung oder durch eine Monetisierung über die Europäische Zentralbank ausgeglichen werden. In jedem Fall wird die Hauptlast den deutschen Steuerzahler treffen, was zu Leistungseinschränkungen im sozialen Bereich führen wird.

Hätte man sich strikt an den Stabilitätskriterien des Maastricht-Vertrages orientiert, dann wäre eine monetäre Finanzierung von Staaten durch die EZB ausgeschlossen und Italien und Belgien wären im Vorfeld erst gar nicht in die Währungsgemeinschaft aufgenommen worden. Auch verbindliche Regelungen bei Verletzung der Konvergenzrichtlinien wurden im Maastrichter Vertrag nicht vereinbart, sondern man hatte beschlossen, das Strafmaß bei Nichteinhaltung der gesetzlichen Vorgaben innerhalb einer Ministerrunde in jedem Einzelfall zu überprüfen. Etwas derart Unsinniges ist wirklich beschlossen worden.

Wenn Deutschland noch eine eigenständige Währung besäße, würden wir über sehr viel mehr Kaufkraft verfügen und ein freier Wechselkurs würde unserem Staat einen hohen Wohlstand bescheren.

Eigentlich wäre eine Wiedereinführung der D-Mark unproblematisch. Auch in den Nachfolgestaaten des ehemaligen Habsburger Reiches, der Sowjetunion oder Jugoslawiens wurden neue nationale Währungen eingeführt, ohne dass eine wirtschaftliche oder gesellschaftliche Katastrophe eingetreten wäre.

Euro-Befürworter argumentieren häufig mit der Behauptung, dass es bei einer Wiedereinführung der D-Mark zu einer Überbewertung am Kapitalmarkt käme und somit zu einem massiven Verlust von Arbeitsplätzen im Exportsektor. In den deutschen Exportgütern stecken jedoch zu 50 % Vorleistungen, Rohstoffe, Energie und vorgefertigte Teile, die sich bei einer Aufwertung verbilligen würden, was in der Gesamtbilanz zu einer maximalen Kostenerhöhung der Produkte um 3 % führen könnte. Hierbei wäre es für die deutsche Exportwirtschaft wahrscheinlich problemlos möglich, diesen minimalen Differenzbetrag durch einen leicht gesteigerten Innovationsbeitrag wieder abzufangen. Den größten Vorteil hätten jedoch die deutschen Verbraucher, deren Kaufkraft sich durch kostengünstigere Importe und rückläufige Inflationsraten vergrößern würde.

Es gibt sogar Stimmen innerhalb der SPD und bei den Grünen, die die Ausgabe von Gemeinschaftsanleihen fordern oder aber einen aberwitzigen Länderfinanzausgleich zwischen den Euro-Staaten nach deutschem Muster befürworten, was den Mangel an Haushaltsdisziplin noch zusätzlich verstärken würde und Deutschland für die Haftung der Kredite mitverantwortlich machen würde.

Der Durchschnittsbürger verliert durch den Euro zunehmend an Kaufkraft. Durch den ständig wachsenden Zuzug von Arbeitnehmern ohne Berufsausbildung aus ärmeren EU-Ländern entsteht ein Verdrängungswettbewerb unter den Arbeitnehmern mit geringer beruflicher Qualifikation, der zu Dumpinglöhnen in vielen Branchen führt. Es sind somit mehrere Faktoren, die zum Wohlstandsverlust beitragen: die geringere Kaufkraft durch den Euro, die erhöhten Steuerabgaben zur Finanzierung der Europäischen Union, der Europäische Rettungsfonds, der Verdrängungswettbewerb am Arbeitsmarkt und das Abfließen des deutschen Anlagekapitals in den Euro-Raum, das nicht mehr für eigene Investitionen zur Verfügung stand.

Ausgelöst wurde das Problem durch die ungleichgewichtige Entwicklung innerhalb der verschiedenen Euro-Staaten im Bereich der Preise, Kosten und Löhne im Verhältnis zur Produktivität. In diesem Zusammenhang läge der Abwertungsbedarf einzelner Länder wie am Beispiel von Griechenland bei 50 %.

Dieses Missverhältnis kann nur aufgefangen werden, wenn die Kosten und Preise in den »Nordstaaten« stärker ansteigen als in den »Südstaaten«. Dies würde eintreten, wenn Deutschland beispielsweise über einen längeren Zeitraum eine Inflationsrate von mehr als 5 % und Frankreich eine Inflationsrate von weniger als 3 % aufweisen sollte. Gegenwärtig scheint sich dieser Umstand zu bewahrheiten, wonach es in den »Retter-Ländern« zu einer hohen Inflation und in den »geretteten Ländern« zu einer Deflation kommt.

Eine hohe Inflationsrate und ein niedriger Zinssatz für Staatsanleihen führen somit zwangsweise zu einer Geldentwertung und Umverteilung der Vermögen.

Somit führt die Erhöhung des Basisgeldes durch die EZB für die Staatsfinanzierungen zwar nicht zu einer größeren Geldmenge, aber mit mehreren anderen Komponenten zum Aufbau eines Inflationspotenzials in der nahen Zukunft.

Wie wäre es denn damit, wenn jeder überschuldete Staat seine Probleme mit einer geordneten Insolvenz selbst erledigen würde? Das Beispiel Argentinien zeigt uns, dass nach gezielten Anstrengungen auch wieder ein Zugang zu den Kapitalmärkten möglich ist. Verbunden mit einer solchen Lösung wäre natürlich auch die Einsicht, dass die Einführung des Euro über sehr heterogene Wirtschaftsgebiete schlicht gescheitert ist. Ein konkretes Beispiel für den Kaufkraftverlust des Euro kann man einem Leserbrief in der Zeitschrift »Brigitte« vom 31. Juli 2010 entnehmen, wo die Lebenssituation eines alleinstehenden Rentners im Zeitraum von zehn Jahren nach der Einführung des Euro dargestellt wird. Dieser hatte sich im Jahr 2000 nach 40 Jahren Berufszeit einen Rentenanspruch von ca. 2.300 DM monatlich erarbeitet.

1) Aufgliederung der Lebenshaltungskosten im Berechnungsjahr 2000 bei einem Renteneinkommen von monatlich ca. 2.300 DM:

Miete für eine Wohnung mit 55 qm Wohnfläche einschließlich aller Nebenkosten im ländlichen Bereich des Großraumes Stuttgart

	550 DM
Lebensmittel, Putzmittel etc.	300 DM
Sonstiges (Telefon, Versicherungen etc.	150 DM
Krankenversicherungsbeitrag	300 DM
	1.300 DM

Die Restsumme von ca. 1.000 DM findet Verwendung für den Unterhalt bzw. den Kauf eines Auto, einen Urlaub, Anschaffungen, Rücklagenbildung und Sonstiges.

2) Aufgliederung der Lebenshaltungskosten im Berechnungsjahr 2010 bei einem Renteneinkommen von monatlich ca. 1.200 Euro:

Miete für eine Wohnung mit 55 qm Wohnfläche einschließlich aller Nebenkosten im ländlichen Bereich des Großraumes Stuttgart

	540 €
Lebensmittel, Putzmittel etc.	350 €
Sonstiges (Telefon, Versicherungen, öffentliche Verkehrsmittel	50 €
Krankenversicherungsbeitrag	260 €
	1.200 €

Eine Restsumme für den Unterhalt bzw. den Kauf eines Autos, einen Urlaub, Rücklagenbildung oder sonstige Ausgaben steht nicht mehr zur Verfügung.

Target 2

Target-Salden sind Forderungen in der Bundesbankbilanz, die die Deutsche Bundesbank gegenüber anderen Notenbanken der Euro-Länder hat. Wenn eine italienische Geschäftsbank beispielsweise an eine deutsche Geschäftsbank einen Geldbetrag überweist, kann dieser Zahlungsvorgang über das System der Europäischen Zentralbank erfolgen. Er könnte aber auch direkt zwischen den Filialen einer Bank der beiden Länder abgewickelt werden. Das hängt davon ab, ob die italienische Geschäftsbank über den Geldbetrag selbst verfügt oder einen Kredit aufnehmen muss.

Wegen des Rückzahlungsrisikos sind die deutschen Geschäftsbanken aber nicht bereit, der italienischen Geschäftsbank einen Kredit zu gewähren. Deshalb muss die italienische Geschäftsbank den Weg über das Zahlungsverkehrssystem der Europäischen Zentralbank mit dem Namen »Target 2« gehen.

Die italienische Geschäftsbank besorgt sich bei der italienischen Notenbank den erforderlichen Geldbetrag, indem sie an ihre Notenbank Sicherheiten aus ihrem eigenen Depot verpfändet, wie zum Beispiel Staatsanleihen. Die italienische Notenbank schreibt der italienischen Geschäftsbank daraufhin den Geldbetrag in Form einer Sichteinlage gut und verständigt die Deutsche Bundesbank, den vereinbarten Betrag an die deutsche Geschäftsbank auszuzahlen. Danach hat die deutsche Geschäftsbank ein Sichtguthaben bei der Deutschen Bundesbank, über das sie wie Bargeld verfügen kann. Die Deutsche Bundesbank hat ihrerseits eine Forderung in gleicher Höhe gegenüber der italienischen Notenbank. Somit hat die italienische Notenbank die gesamte Geldmenge im Euro-Raum um diesen Betrag erhöht, weil es sich ja nicht um vorhandene Geldbeträge der italienischen Geschäftsbank handelt.

Von 2007 bis 2012 wuchs die zusätzliche Geldmenge durch die Target-2-Forderungen der Deutschen Bundesbank gegenüber den Euro-Ländern von 13 Milliarden auf 615 Milliarden. Ironischerweise werden die daraus entstandenen Target-Forderungen der Bundesbank als »Kapitalanlagen der Bundesbank im Ausland« bezeichnet.

Die deutschen Leistungsbilanzüberschüsse wurden bis zum Jahr 2007 durch Netto- Kapitalexporte privater Finanzierungsteilnehmer wie Banken und Versicherungen aus Deutschland bezahlt, bis die privaten Gläubiger infolge des anwachsenden Rückzahlungsrisikos diese Finanzierung einstellten. Danach wurden die ausbleibenden privatwirtschaftlichen Finanzierungsströme weitgehend durch die Inanspruchnahme von Refinanzierungskrediten bei den nationalen Notenbanken ersetzt. Somit hat die Bundesbank die Rolle der vormals privaten Kreditgeber übernommen und erlaubt es den Leistungsbilanzdefizit-Ländern aufgrund des Euro, über ihre Verhältnisse zu leben und mehr zu importieren, als sie sich aufgrund der eigenen Wirtschaftsleistung hätten leisten können.

Als der Totalausfall der Schuldnerländer bei Tilgung und Zinszahlungen drohte, wurden Rettungsschirme ins Leben gerufen und die Europäische Zentralbank begann mit dem Aufkauf von Staatsanleihen von gefährdeten Euro-Ländern zu Vorzugszinsen von über einer Billion Euro. Das war gleichzeitig die Geburtsstunde des Kredit- und Geldschöpfungsmechanismus namens »Target 2«.

Vor der Euro-Einführung hat eine Erhöhung der Geldmenge in den wirtschaftlich schwachen Ländern immer zu Inflation, Zinserhöhungen und einer Abwertung der eigenen Währung im Ausland geführt. Durch das Target-2-System wird Deutschland jetzt als unbeteiligter Staat an diesem Prozess der Inflation beteiligt, was man sehr auffällig an den steigenden Grundstücks- und Wohnungspreisen beobachten kann.

Dieses Finanzsystem betrügt die leistungsfähigen Volkswirtschaften um ihre Leistungen. Die von den Bürgern der Exportüberschussländer hergestellten und von dem in ihrem Land ansässigen Unternehmen exportierten Güter werden mit Krediten bezahlt, die aus den Ersparnissen der Bürger finanziert wurden. Jeder Exportüberschuss ist ein Konsumverzicht und damit eine Ersparnis, für die das exportierende Land mit einer Forderung bezahlt wird. Durch die neuen Zusammenhänge werden die Bürger dieser Exportländer gezwungen, diese Forderungen selbst zu bezahlen. Neben dem Kohäsionsfond und sonstigen Beihilfen aus dem Haushalt der Europäischen Union erfolgt die Defizitfinanzierung jetzt durch die Bundesbank anstatt durch privatwirtschaftliche Kredite. Dieser Umstand ändert sich auch dadurch nicht, dass die Deutschen die Wertverluste aus den Krediten mit ihren Ersparnissen oder die Bundesbankverluste über höhere Steuern bezahlen. So werden die außenwirtschaftlichen Ungleichgewichte nicht zurückgeführt, sondern weiterhin von den Deutschen bezahlt. Das Geld ist futsch, denn wenn die Target-Forderungen in einer normalen Bilanz stünden, müsste man sie nach dem Zeitverbprinzip wertberichtigen, weil gar nicht absehbar ist, wie die Mechanik aussehen soll, die diese Forderungen auf einen normalen Stand zurückbilden könnte. Das wäre nur möglich, indem die Krisenländer Deutschland gegenüber Leistungsbilanzüberschüsse aufbauen würden, was völlig unmöglich wäre. Wirklich ein tolles und nicht so einfach zu durchschauendes Betrugssystem, an dem sich (fast) alle frei gewählten deutschen Volksvertreter durch ihren Fraktionszwang ohne Skrupel beteiligt haben.

Grexit

Durch die inspirativen Erfahrungen eines hellenischen Geistes soll angeblich die Erfindung des Geldes erfolgt sein, die zu einer ungeahnten Ausdehnung der Handelsgeschäfte in allen Teilen der damals bekannten Welt geführt haben soll. Der Wechsel vom Tausch- zum Geldhandel brachte einen großen wirtschaftlichen Aufschwung mit sich.

Schiffe brachten Kupfer aus Spanien, Getreide aus Sizilien und wohlriechende Öle aus Ägypten nach Athen. Olivenöl und Kunstgegenstände dagegen wurden aus Griechenland ausgeführt. Bald gab es eine unendliche Vielfalt von Münzen. Jeder Staat und fast jede Stadt im Mittelmeerraum begann mit der Prägung eigener Münzen in Gold, Silber, Kupfer oder aus weniger wertvollem Eisen.

Das Problem bestand in der Tauschbarkeit der verschiedenartigsten Münzen. Damit war die Zeit der Geldwechsler als Vorläufer von künftigen Banksystemen angebrochen, die erstmalig »Wechselkurse« ermittelten.

Auch wenn wir bei der Suche nach den Ursprüngen des Geldes auf die hellenistische Antike zurückblicken können, müssen wir dennoch schmerzhaft erkennen, dass die vormals auf diesem Gebiet so erfolgreichen Griechen durch ihre skandalöse Geldpolitik in der jüngsten Zeit ihren Gläubigern wenig Freude bereiten.

Aufgrund der immer weiter steigenden Staatsverschuldung waren die privaten Geldgeber 2010 nicht mehr bereit, Griechenland zu marktüblichen Konditionen weiteres Geld zu leihen. Denn Griechenland ist nicht wettbewerbsfähig, unter anderem weil die Waren doppelt so teuer produziert werden wie in der benachbarten Türkei. Deshalb sprangen die Euro-Partner und der IWF als Geldgeber ein, um die Zahlungsfähigkeit der griechischen Regierung wunschgemäß aufrechtzuerhalten, verbunden mit der Forderung von einschneidenden strukturellen Reformen auf allen wirtschaftlichen und gesellschaftlichen Ebenen. Zwischen den Vertragspartnern wurde vereinbart, die Staatsausgaben zu senken und die Wettbewerbsfähigkeit zu verbessern. Hiermit verbunden war die Auflage, dass mit den neuen Krediten der öffentlichen Geldgeber alte Darlehen privater Gläubiger abgelöst und nicht etwa Sozialprogramme bezahlt werden.

Aber auch nach mehr als fünf Jahren seit dem Beginn der Krise gibt es in Griechenland immer noch keine funktionierende Steuerverwaltung, stattdessen einen aufgeblähten Staatsapparat, Korruption, Missmanagement und Vetternwirtschaft. Das Defizit im Staatshaushalt, das 2009 erschreckende 15 % des Bruttoinlandsprodukts betrug, war damit fünfmal so hoch als in der EU zulässig. Es wurde aber bis zum Jahr 2014 auf 2,5 % reduziert, worauf die Konjunktur einbrach und es zu sozialen Verwerfungen kam. Exklusive der Zins- und Tilgungszahlungen ergab sich aufgrund der durchgeführten Reformprogramme durch den griechischen Ministerpräsidenten Antonis Samaras 2014 sogar ein Haushaltsüberschuss, mit dem der griechische Staat erstmals seit vielen Jahren wieder sämtliche laufenden Ausgaben finanzierte, von den Löhnen für Staatsbedienstete über die Pensionen bis zu den Ausgaben für Schulen, Straßenbau, Verteidigung und alle anderen öffentlichen Aufgaben. Doch das Linksbündnis gewann die letzte landesweite Wahl in Griechenland und verweigert seitdem im Gegensatz zu ihrer Vorgängerregierung die Erfüllung der vereinbarten Verträge.

Die europäischen Banken hätten bereits 2010 erkennen müssen, dass sie mit dem Kauf von hochverzinslichen griechischen Staatsanleihen auch ein hohes Risiko eingehen und ihr Geld besser krisenfest im eigenen Land für Kredite und Investitionsmaßnahmen verleihen können.

Etwa zwei Drittel der 320 Milliarden Euro, die die Euro-Staaten und der Internationale Währungsfonds bisher an Griechenland überwiesen haben, gingen an Banken, Versicherungen und Investmentfonds. Jeder Grieche hat umgerechnet 320.000 Euro an Rettungsgeldern erhalten. Das entspricht den durchschnittlichen Kosten für ein Einfamilienhaus mit Grundstück in Deutschland. Zum Vergleich: Für die Kosten des Zweiten Weltkrieges auf deutscher Seite hätte man jeder Familie in Deutschland ein Einfamilienhaus bauen können.

Wie könnte das Schuldenproblem Griechenlands nun gelöst werden? Am einfachsten wäre es, wenn der ansonsten bei der Vergrößerung der Geldmenge recht großzügig verfahrende EZB-Präsident Draghi alle am Markt befindlichen griechischen Staatsanleihen aufkaufen würde, damit in diesem chaotischen Land endlich der soziale Frieden zurückkehrt. Um den wirtschaftlichen und gesellschaftlichen Zusammenbruch Griechenlands zu verhindern, wäre es jedoch sinnvoller, jedem Griechen ein Sparbuch mit 100.000 Euro Guthaben einzurichten und daraufhin den ganzen maroden Staat übergangslos in die wirtschaftliche und währungspolitische Unabhängigkeit zu entlassen.

Was könnte auf dem Schauplatz dieses währungspolitischen Abenteuers mit dem Euro denn noch passieren, an das wir uns bislang noch nicht gewöhnt hätten?

Schlusswort

Nüchtern betrachtet, besteht unser Leben aus einem Anfang und einem Ende. Im Hinblick auf das Ende erscheint die Zeit dazwischen somit völlig nutzlos. Die Religionen haben diese Problematik erkannt und suchen auf unterschiedlichste Weise nach einer transzendenten Erklärung, um dem Leben einen Sinn geben. Sie befinden sich auf der Suche nach einer allumfassenden Wahrheit jenseits von Geburt und Tod.[2]

Unser Universum ist aus einem winzigen Punkt entstanden, analog zu einem Baum, der sich ursprünglich in einem kleinen Samenkorn verborgen hielt. In jedem Atom spiegelt sich die Alloffenbarung Gottes, die alles zusammenhält und ständig in spielerischer Weise neuartige Erscheinungen und Wesenheiten auf der Erde hervorbringt. Unsichtbare Kräfte wie die dunkle oder schwarze Energie gestalten und formen auf mysteriöse Weise den unendlichen Kosmos und niemand kann uns die Frage beantworten, warum beispielsweise die glühend heiße, lavahaltige Masse unter der nur 30 Kilometer dicken Schale unserer Erdkugel auch nach vier Milliarden Jahren noch nicht zu einem Steinklumpen erkaltet ist.

Wissenschaftlich betrachtet kann man feststellen, dass es im eigentlichen Sinn gar keine feste Materie gibt. Alles Sichtbare ist nur ein zeitlich begrenztes Zusammenspiel von verschiedenartigsten unsichtbaren Manifestationen von Energie. Die materielle Welt existiert für uns nur scheinbar. Der hinduistische Sprachgebrauch umschreibt dieses Phänomen mit dem Begriff »Maya«.

So gibt es auch keinen leeren Raum, denn das ganze Universum ist durchdrungen von einer unsichtbaren Ursubstanz, aus der heraus man alles Beliebige durch einen kosmischen Schlüssel in einen materiellen Zustand transformieren kann.

2 Unter diesem Gesichtspunkt habe ich einen Roman verfasst, der sich mit der transzendenten Seite unseres Lebens auf eine, wie ich meine, humoristische Weise befasst und den Titel »Im Hause des Pfarrers« (erschienen 2012) trägt: Am Anfang des 20. Jahrhunderts lebt ein katholischer Pfarrer mit seiner Schwester in einem gemeinsamen Haushalt in der Nähe von Detmold. Seine Schwester wird als Hebamme in einen mysteriösen Vorfall verwickelt. Kurz darauf wird das Idyll im Pfarrhaus durch ein männliches Mitglied des niederländischen Königshauses zerstört, der sich für die Schwester des Pfarrers interessiert.

Analog zu dieser Erkenntnis könnten wir vielleicht in Zukunft mit Hilfe eines 3D-Druckers schöpferische Energien materialisieren, die uns dazu befähigen, Nahrungsmittel und Gegenstände des täglichen Lebens für die Menschen »aus dem Nichts« zu produzieren und an potenzielle Interessenten weiterzuleiten.

Eine Welt ohne schädliche Emissionen, Hunger, Masttierhaltung und landwirtschaftlich genutzte Flächen – Traum oder mögliche Wirklichkeit? Aufstieg oder Untergang liegen dicht beieinander. Aber vielleicht unterstehen wir ja auch einem Gott, der kein materielles, sondern geistiges Wachstum von uns erwartet? In welchem Sinne auch immer, besser wäre es, wenn er aus seiner Unsichtbarkeit heraustreten würde, um uns sein schlüssiges und nachhaltiges Konzept vorzustellen.

Wir haben eben nur die Wahl, »Ja« zum Leben zu sagen, und sind ohnehin gezwungen, jede Situation anzunehmen.

Nach konventioneller Anschauung kann keine mechanisch betriebene Maschine permanent Energie aus dem sie umgebenen Raum gewinnen und damit kontinuierlich elektrischen Strom erzeugen.

Trotzdem gibt es Geräte, mit denen man »aus dem Nichts« elektrische Energie erzeugen kann, wie zum Beispiel mit dem Magnetmotor, den sich Nikola Tesla schon vor mehr als 100 Jahren patentieren ließ. Die Firma Save the Planet AG hat beispielsweise ein Auftriebskraftwerk entwickelt, das mit der allgegenwärtigen Schwerkraft perpetuell elektrische Energie erzeugen kann, wobei die Differenz zwischen der Druckkraft einer Wassersäule und der Hubkraft eines Schwimmkörpers genutzt wird. Hierbei bleibt die wirksame Wasserhöhe unverändert, weshalb von einem Spannungsfeld des Ruhewassers gesprochen wird, in dem sich kraftvolle Bewegungen abspielen. Bei einer bestimmten Koppelung von Wasserbehälter und dem darin eingetauchten leichten Schwimmkörper hebt die Differenzkraft eine Wassermasse derart an, dass sie danach als potenzielle Energie zur Verfügung steht, welche in der Vorrichtung ein Drehmoment erzeugt. Bei einem derartigen Kraftwerk handelt es sich um eine echte Alternative zu Atom-, Wind- und Sonnenkraftwerken. Es benötigt keinen Treibstoff, kann dezentral gebaut werden, emittiert keine Abgase, kein Kohlendioxid, keine Abfälle und liefert ganztägig für unbegrenzte Zeit sauberen und ökologischen Strom.

Ein spezieller Hochleistungs-Membran-Kompressor pumpt Luft in die Auftriebsbehälter. Durch den natürlichen Auftrieb und durch den erzeugten Rückstoß beim Ausblasen des Wassers werden die luftgefüllten Behälter kontinuierlich nach oben gedrückt. Am oberen Wendepunkt drehen sich die Behälter an der Kette und die Luft kann entweichen, die Kammern füllen sich mit Wasser. Aufsteigende verwirbelte Luftbläschen setzen die Dichte des Wassers herab. Dabei wird der Effekt genutzt, dass ein Körper in einem Fluidum, welches mehr als 8 % Gasanteil besitzt, keinen Auftrieb mehr hat und schnell nach unten sinkt. Die dadurch erzeugte ständige mechanische Bewegung treibt über eine Welle und ein Getriebe einen Generator an und dieser erzeugt elektrischen Strom. Ein Vielfaches mehr, als für den Betrieb des Kompressors benötigt wird.

Die Bewegungsenergie der Auftriebsbehälter wird über ein Getriebe auf einen Generator weitergeleitet, der daraus elektrischen Strom produziert. Ein sehr langsam laufender, patentierter Spezialgenerator ist exakt auf diese beständigen Umdrehungen abgestimmt und erzeugt in Summe mehr Elektrizität, als zum Erhalt der Bewegung (für den Kompressor) benötigt wird. Hierbei eingesetzte Komponenten sind teilweise patentrechtlich geschützt. Im laufenden Betrieb regelt sich die Anlage bis zu einem bestimmten Punkt selbstständig, in Abhängigkeit von der benötigten Strommenge.

Somit scheint es auch Hoffnung in Form der Entwicklung neuer Technologien zu geben, die noch erforscht werden und deshalb bislang noch keine Anwendung gefunden haben.

Da wir mit allem verbunden sind, was uns umgibt, können wir uns von unserem irdischen Leiden befreien, es transformieren und die eigene Notlage wie die unserer Erde erkennen. Obwohl der Klimawandel sehr beängstigend ist, wird sich unser Planet Erde durch seine Selbstheilungskräfte in Millionen von Jahren wieder von dem Resultat der menschlichen Aktivitäten erholt haben.

Die aktuellen globalen Probleme verlangen nach Menschen, die sich kritisch gegenüber der zerstörerischen Natur des gegenwärtigen ökonomischen Systems äußern und den Status quo infrage stellen – Menschen, die in der Politik und in der Wirtschaft Führungsstärke besitzen und sich dabei der Macht ihres eigenen Egos entziehen, um der gesamten Existenz unter Mitgefühl zu dienen, wie eine Mutter, die sich um ihr Kind sorgt – Menschen, die keine Angst haben vor dem Tod und bereit sind, an der Seite der Menschheit zu stehen, wenn sie zukünftig mit schwer zu bewältigenden Problemen konfrontiert werden wird.

In unserem Tatendrang sind wir immer ungeduldig, weil wir glauben, dass unsere Zeit auf dieser Erde nach maximal 100 Jahren enden wird. Wir müssen akzeptieren, dass unser kollektives Karma der Ignoranz, der kollektiven Angst und der kollektiven Gewalt zu unserer Zerstörung führen wird. Aber eines Tages, in einer fernen Zukunft, wird die Erde vielleicht wieder großartige Menschen wie Buddha oder Jesus hervorbringen. Weil wir nicht mit dem Leid dieser Welt konfrontiert werden wollen, weigern wir uns, die Folgen unseres Handelns zu erkennen. Doch warum erscheint uns unser Denken und Tun als selbstverständlich? Dahinter verbirgt sich vermutlich ein unbekannter Impulsgeber der Täuschung. Denn wem dient eigentlich diese verrückte Entwicklung auf der Erde und im Kosmos, wo doch langfristig der Tod auf das kleinste Insekt und den schönsten Stern wartet? Wirkt das Evolutionsprinzip auch in dem uns umgebenden Weltall, wo sich die Rahmenbedingungen ebenso ständig verändern? Dort fressen schwarze Löcher ganze Sternensysteme, aber sind sie vielleicht nicht auch Teil eines von wem auch immer geplanten Entwicklungsprozesses? Wohl kaum, denn eine Art von dunkler Energie treibt all die Galaxien und die mit ihr in Symbiose stehenden Sterne immer weiter auseinander. Durch diesen Prozess scheint sich zwar der Raum zu vergrößern, aber gleichzeitig entfernen sich die Sterne immer weiter voneinander, bis sie in der unendlichen Weite unauffindbar geworden sind. Somit können wir entgegen früherer Annahmen auch keine Implosion der sichtbaren Existenz erwarten, indem sich alles Sichtbare wie bei einem pulsierenden Herz wieder auf einen unendlich kleinen Punkt zurückbilden wird, um erneut zu explodieren. Alles verschwindet in der Unendlichkeit des Raumes auf Nimmerwiedersehen und somit auch der Glaube an die Ewigkeit und die Wiederauferstehung.